ARCHAG TCHOBANIAN

LA FEMME ARMÉNIENNE

PARIS
LIBRAIRIE BERNARD GRASSET
61, Rue des Saints-Pères, 61

MCMXVIII

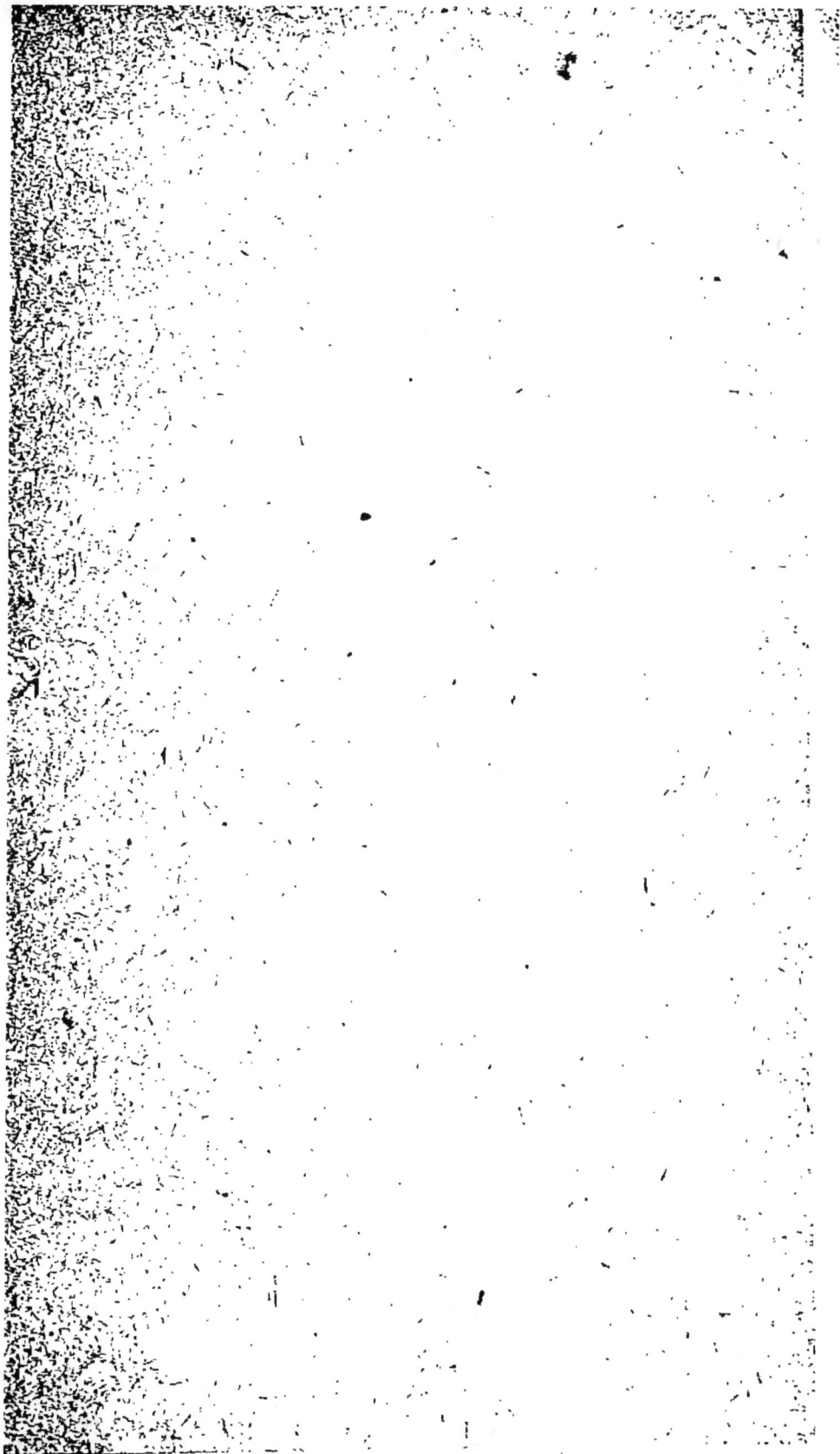

pages couples (juin 2009)

à Maurice Barrès

hommage de profonde admiration

A. Tchobanian

Paris, 7 juin 1[illegible]

La Femme Arménienne

DU MÊME AUTEUR

ARCHAG TCHOBANIAN

La
Femme Arménienne

CONFÉRENCE
FAITE A PARIS LE 18 JANVIER 1917

Suivie de Poèmes de
Mlle S. Vahanian, Mme Z. Essaïan, Mme Ch. Kourghinian,
de Maximes et Conseils
des Vieilles Mères rustiques d'Arménie,
du récit de l'épisode de Djebel-Moussa, par une rescapée,
et du Cri d'une Arménienne

PARIS
LIBRAIRIE BERNARD GRASSET
61, Rue des Saints-Pères, 61

1918

AVANT-PROPOS

ETTE conférence a été prononcée à une réunion patriotique et artistique, le 19 janvier dernier, jour de la Noël arménienne, devant un public nombreux où Français et Arméniens s'unissaient fraternellement. En la publiant, je la fais suivre des quelques pages lyriques de poétesses arméniennes qui furent récitées à cette cérémonie, et j'y adjoins une série de maximes des vieilles femmes d'Arménie, le récit de l'épisode fameux de Djébel-Moussa fait par une Arménienne qui fut parmi les rescapés, et une élégie épique écrite tout récemment par une jeune fille, Mlle Bizian, réfugiée au Caucase.

Au moment où ce livre paraîtra, nous

serons au début d'une année nouvelle, au lendemain d'une nouvelle Noël, sans que le drame formidable qui se joue dans le monde et dont dépend le sort de la civilisation ait encore trouvé sa conclusion. Nous n'en restons pas moins convaincus que cette conclusion ne pourra être que le triomphe du Droit et que, d'après la belle image de la jeune Astlik Bizian, de toutes ces atroces souffrances naîtra, pour l'Arménie comme pour le monde entier, une floraison de liberté et de justice.

A. T.

Paris, 15 décembre 1917.

LA FEMME ARMÉNIENNE

———

Mesdames, Messieurs,

C'est une belle pensée que mes jeunes compatriotes de l'Union Chorale Arménienne de Paris ont eue de nous réunir aujourd'hui, en ce jour de Noël, pour vivre en commun, pendant quelques heures, de notre vie nationale, afin de la renforcer en nous par l'évocation de nos souvenirs et de nos espérances aux accents de nos poèmes et de nos chants.

Dans cette cataclysmale et symbolique guerre, l'héroïsme humain et la souffrance humaine ont atteint un degré que l'Histoire n'avait point encore connu. Notre vieille race, qui en la personne d'une assez nombreuse phalange de ses fils combattant pour le triomphe du Droit a eu sa part, touchante, dans cette splendeur de vaillance déployée par les Nations qui luttent contre la Tyrannie et en particulier par notre chère et glorieuse France, inscrivit de son sang la page la plus effroyable au registre des souffrances et des sacrifices subis pour la sainte Cause. Et l'énormité de ces souffrances et de ces sacrifices est pour nous un aussi grand honneur, une aussi grande fierté, que la bravoure de ceux de nos frères qui participent à la lutte. Le désastre fut gigantesque. Les martyrs que nous avons à pleurer sont innombrables. Les procédés par lesquels ils furent mis à mort, les conditions dans lesquelles leur martyre s'est accompli dépassent toutes les bornes connues de l'horreur. Notre premier devoir, en ce jour où de douces et antiques traditions nationales viennent s'unir à d'augustes traditions religieuses, est de nous souvenir, avec une profonde et grave tristesse, du drame affreux qui s'est déroulé dans notre pays, qui s'y déroule encore, de songer à nos centaines de milliers de martyrs, et d'honorer, de toutes nos larmes, de toute notre piété, de toute notre vénération, leur douloureuse et pure mémoire. Nous devons songer aussi à ceux qui survivent, là-bas, au désastre, et qui sont plus à pleurer que les morts... Un assez grand nombre ont pu se réfugier dans l'Arménie russe et attendent, soutenus par les secours de leurs frères de race et par la généreuse assistance de nos amis d'Europe et d'Amérique, l'heure du retour dans la patrie délivrée... mais les autres qui sont encore sous le talon des tyrans !... un petit nombre restent sur le sol de la patrie, convertis de force à l'Islam, contraints de vivre d'une vie qui n'est pas la leur, et le plus grand nombre, immense troupeau de misère sans nom, éparpillés dans les déserts de la Mésopotamie, meurent lentement de faim, de maladies, sous l'outrage, sous les coups et les mauvais traitements, sous les railleries et les brutalités de leurs bourreaux sans conscience et sans morale.

Hélas ! la vie arménienne s'est complètement éteinte à cette heure sur toute une grande région de notre antique patrie... Notre pays avait connu bien des désastres au cours des siècles, mais les désastres avaient passé sur lui comme des ouragans terribles et éphémères, une partie seule de la population avait par endroits été fauchée par les hordes meurtrières, la masse du peuple était partout demeurée sur son sol,

avec sa vie, ses mœurs, ses coutumes...
Cette fois-ci, l'infernal plan des déportations, s'ajoutant à une série de massacres
exécutés avec une férocité et dans des pro-
portions inouïes, et, plus cruel et funeste
que tous les massacres, a vidé de vie arménienne quelques dizaines de villes et
d'innombrables villages de notre pays...

Hélas ! ce matin, dans des milliers de
chapelles, d'églises et de couvents, aucune prière, aucun chant ne s'est élevé,
dans la douce et majestueuse langue de
nos pères, pour célébrer la venue du divin
prédicateur de la fraternité... Ces sanc-
tuaires, où, sous les ailes de la foi, la vie
nationale se conservait à travers des siècles
de servitude, ne sont plus que des mon-
ceaux de ruines, ou bien sont transformés
en mosquées, ou changés en casernes, en
écuries... Aucun prêtre n'est allé aujour-
d'hui, d'après la vieille coutume, bénir les
maisons et chanter le refrain traditionnel :
« Les anges chantent avec les hommes et
donnent au monde la bonne nouvelle. »
Si Dieu, ce matin, se penchait un moment
vers notre pays, il n'entendrait que les
gémissements sourds des femmes arméniennes enfermées derrière les grillages

des harems comme dans les plus horribles des tombeaux, et contraintes au plus douleureux, au plus répugnant des esclavages... Et il entendrait aussi monter vers lui, des solitudes de la Mésopotamie, une lamentation, plus déchirante que celle du Psaume que jadis Israël a gémi aux bords des fleuves de Babylone, une lamentation mur murée par des multitudes de femmes, d'enfants, d'hommes vieux et infirmes, de jeunes gens réduits en squelettes, qui agonisent lentement, et ne savent même pas que Noël est arrivé, et ne savent même plus si Dieu continue à exister...

Nous devons songer à tout cela, et souffrir avec nos frères et nos sœurs qui endurent là-bas les suprêmes souffrances. Nous le devons.

Mais il est pour nous un autre devoir, aussi impérieux, plus impérieux encore : c'est de surmonter cette douleur, de ne lui point permettre de nous entraîner à la défaillance et au découragement. Il faut, au contraire, que cette douleur, sentie aujourd'hui plus intensément que jamais, renforce en nous la foi dans l'avènement du jour de justice, où nos martyrs seront vengés et les bourreaux châtiés, et où notre

nation, restée vivante malgré une si formidable saignée, se relèvera du milieu des
ruines... il faut que cette douleur multiplie
notre dévouement à la Cause, active notre
ardeur à poursuivre l'œuvre sacrée, car
c'est sur nous, Arméniens se trouvant dans
les pays libres, en dehors de l'enfer turc,
que repose le devoir de maintenir, de
développer, de fortifier le feu de la vie
nationale et de le garder vivant jusqu'au
jour de la délivrance de notre patrie. Nous
avons ce devoir, non seulement envers nos
ancêtres qui jadis ont glorieusement vécu
sur la libre terre d'Arménie et nous ont
légué une histoire pleine de vaillance et
d'honneur, mais envers tous nos martyrs
qui depuis des siècles, depuis que notre
patrie est veuve de sa liberté, sont tombés
sous les coups d'une odieuse tyrannie, et
surtout envers les martyrs d'hier, envers
ceux de l'heure présente, les plus doulou-
reux, les plus sacrés des martyrs.

Ce devoir, nous le remplirons jusqu'au
bout. Et comment ne le remplirions-nous
pas, nous, Arméniens des pays libres,
quand nos frères, nos sœurs, dans la gé-
henne, là-bas, ont su souffrir et mourir
avec une dignité, une fermeté, une foi, qui

donne à leur martyre une épique grandeur.
Sans plaintes, fidèles à leurs sentiments et
à leurs traditions, ils ont accepté les tortures et la mort, avec un calme et simple
héroïsme, et par une telle mort ils ont
affirmé encore une fois, solennellement,
l'immortalité de notre vie nationale et la
force indestructible de notre vieille âme
arménienne.

Notre devoir, nous le remplirons de
toutes les manières, et de toutes nos forces. Mais déjà, des réunions comme celle
d'aujourd'hui, des réunions d'Arméniens
assemblés côte à côte avec leurs bons amis
français, pour entendre nos chants patrio-
tiques, nos vieux cantiques religieux,
quelques pages de nos poètes, quelques-
unes de nos mélodies populaires, dans lesquels revivent les souvenirs de notre passé
et rayonnent les visions de notre renais-
sance, et où vibre et chante le cœur de
notre race de travail, de bonté et de rêve,
sont une manière de remplir ce devoir
pieux envers notre nation, puisque nous
sortirons d'ici réconfortés, plus confiants,
plus ardents dans notre foi, et que nos
amis français quitteront cette salle avec
un sentiment plus renforcé de la justice

de notre cause, et avec une conviction plus profonde que la noble sympathie qu'ils accordent à notre peuple n'est point immé-ritée.

Mes amis de l'Union Chorale m'ont fait l'honneur de m'inviter à parler ici de la situation présente de notre peuple et de notre cause. J'ai pensé que ce n'est ni le moment, ni le jour, pour faire une conférence poli-tique, chargée de considérations, de ré-flexions et de commentaires. Je viens donc dire ici, simplement, quelques mots de poète, s'ajoutant aux chants et aux poèmes de mon pays. Et ces quelques mots, je veux les dire, non point pour étaler la misère de ma race, mais pour, avant tout, en célé-brer la grandeur. Cette grandeur, nul ne l'a nourrie, ne l'a développée, ne l'a maintenue à travers les âges et ne l'a démontrée plus fortement que jamais dans la crise actuelle, mieux que la femme d'Arménie, séculaire gardienne de nos traditions et qui, au cours de la présente guerre, eut la part la plus grande et la plus atroce de souffrance et supporta ce martyre avec une noblesse qui demeurera le suprême honneur de notre race. Je dirai donc ce que fut et ce que fit la femme au cours de notre histoire ; je rappellerai aussi ce qu'elle a souffert dans la présente catastrophe ; et en traçant son portrait, c'est l'image la plus fidèle de l'âme arménienne que j'aurai reproduite dans ce qu'elle a de plus personnel et de plus pur.

Les caractéristiques de la femme d'Arménie ont été, et sont toujours, l'attachement profond, presque religieux, au foyer, la fidélité inébranlable aux traditions et croyances nationales, le dévouement, la modestie, l'amour du travail, le don artistique. Si nos usages et coutumes, notre langue, tous les fondements de notre personnalité éthnique ont pu survivre, depuis des siècles, à tant de catastrophes, nous le devons pour une grande, pour une très grande part, à la femme d'Arménie, ange gardien du foyer et pierre angulaire de notre vie nationale.

Ces caractéristiques, qui sont, avec des nuances psychologiques déterminées par le milieu et la race, celles de la femme chez toutes les nations cultivées, l'Arménienne les a gardées intactes sous la séculaire influence, lourde et déformatrice, de la domination touranienne.

Aux temps où notre pays était libre et

n'avait point encore été envahi par ces peuples, où la famille comme nous la comprenons n'existe pas et où la femme est non point la compagne, mais la servante de l'homme, l'Arménienne vivait, avec, bien entendu, des particularités de mœurs propres à la race et dues aussi à l'atmosphère d'Orient, de la même manière que la Grecque ou la Romaine, à l'époque païenne, ou la Byzantine et la Franque, à l'époque chrétienne. La longue domination des Tartares, puis des Turcs, a certes influencé les mœurs arméniennes, mais cette influence a été tout extérieure. Dans les grandes villes, cette influence est déjà depuis longtemps totalement rejetée au contact de la civilisation européenne, mais dans beaucoup de villages d'Arménie, jusqu'à présent la femme se voile le visage à moitié, a sa vie presque entièrement confinée à la maison, se trouve sous la loi et la protection de l'homme. Les jeunes filles, les jeunes femmes ne peuvent adresser la parole aux membres plus âgés de la famille, que si ceux-ci les questionnent ; une nouvelle mariée ne peut commencer à causer avec ses beaux-frères que si la grand'maman l'y autorise. A l'église, les femmes ont leur place spéciale. Jeunes gens et jeunes filles peuvent rarement se voir, rien qu'à l'église, et aux grands pèlerinages et, parfois, à la fontaine. Ce sont les parents qui, dans les villages, marient leurs enfants, souvent sans les consulter. Tout cela n'empêche nullement que la femme ne soit entourée d'affection et de respect, même au fond du village le plus obscur : elle demeure, moralement, l'égale de l'homme, sa compagne.

Du reste, si elle se voile le visage, si elle sort peu, c'est aussi pour beaucoup la peur du maître touranien qui l'y a forcée. Et si la femme parle peu dans les assemblées familiales, c'est aussi parce que le foyer, dans les villages d'Arménie, a conservé l'antique constitution patriarcale ; plusieurs branches de la même famille, et plusieurs générations, habitent ensemble sous le même toit, et cette discipline, assez douce d'ailleurs, n'est peut-être point inutile au maintien de la paix et de la concorde au sein de la nombreuse famille. Le harem n'a jamais été adopté ; hommes et femmes vivent en commun. Aux grands pèlerinages, il est permis aux jeunes filles et aux jeunes gens de chanter et danser ensemble. La

sévérité des mœurs n'a jamais étouffé l'élan
des cœurs jeunes ; les entraves, les diffi-
cultés ont même rendu les sentiments plus
profonds ; les chants d'amour, délicieux
entre tous nos chants populaires, l'attestent. Les parents ratifient du reste parfois
le choix secrètement fait par les jeunes
gens. La fête du mariage, qui est une sorte
de grand drame rustique, et qui dure trois
jours, parfois une semaine, est la glorifi-
cation de la femme et un hommage éclatant rendu par la race à la sainteté du
foyer, à la noblesse de la vie familiale. Il
faudrait une conférence spéciale pour décrire
cette cérémonie en plusieurs actes, avec
chants et danses et de véritables scènes
jouées et dans laquelle des coutumes très
anciennes, quelques-unes datant même des
temps païens et propres à notre nation,
sont conservées depuis des siècles. Je me
contenterai de lire quelques vers d'un
chant que le chœur des parentes du marié chante au moment où la mariée arrive, escortée de ses parents et de ses
« sœurs de noces », et que le père et la
mère du marié, qui l'attendent debout sur
le seuil de la maison, l'accueillent sous le
toit :

Bonjour, ô belle, bonjour !
Que le bienfait de la bonne lumière tombe sur toi,
Que le soleil rayonne sur toi !

Belle, quelle mère t'a mise au monde ?
C'est cette mère aux yeux noirs qui t'a mise au
monde ;
C'est pour nous que ta mère t'a mise au monde,
C'est pour toi que nous sommes venus au monde.

Nous avons maintenant deux perdrix au nid,
Des roses ruissellent de leurs figures.
Vous êtes les piliers d'or de notre maison,
Vous amenez le soleil dans notre maison.

L'empreinte des mœurs musulmanes n'a
été que fort superficielle dans la vie arménienne. Et la femme surtout, n'ayant aucun
rapport avec les races dominantes, vivant
isolée dans le foyer, a conservé intacts les
traits essentiels de l'âme nationale. C'est
pourquoi dès que l'Arménien a repris un
contact immédiat et profond avec la civilisation d'Occident, c'est-à-dire dès le milieu du xix siècle, dans les grandes villes
du Caucase, Tiflis, Erivan, Alexandropol,
passées sous l'égide russe, ou à Constantinople et à Smyrne, où l'influence franco-
anglo-italienne a dominé à la suite de la
guerre de Crimée, les mœurs arméniennes
ont secoué l'influence asiatique et se sont
rapprochées, avec une facilité et une rapi-

dité bien explicables par les origines européennes de la race, des mœurs de l'Occident. Nos publicistes, nos dramaturges,
nos satiriques ont vivement critiqué ce
qui restait des infiltrations touraniennes
dans nos mœurs, et ont demandé pour la
femme la même liberté qu'en Europe ; et
au moment où l'auteur d'*Indiana* achevait
sa carrière, une George Sand arménienne,
s'est révélée chez nous, M⁰⁰ Serpouhi Dussap, qui dans ses romans défendait, tout
comme en Europe, les droits de la femme
à l'égalité absolue avec l'homme.

En 1906, il se passait même chez nous
un fait plus significatif encore : le catho-
licos Mgrditch Khrimian, poète inspiré,
grand orateur, apôtre du réveil national,
lançait un mandement accordant aux
femmes arméniennes le droit de vote et
d'élection dans l'administration des affaires
de la communauté.

Dans les deux grands centres intellec-
tuels arméniens de notre temps, à Constantinople et à Tiflis, nos femmes n'avaient
du reste pas attendu cette autorisation
pour prendre part à l'activité nationale.
Dès le milieu du xix⁰ siècle, une élite féminine, d'une solide culture européenne

2.

acquise dans les collèges français et américains comme dans les écoles nationales, sortait du cercle de la famille, et grâce à un moment d'accalmie, de répit pour les raïas, que détermina l'influence prédominante de la France et de l'Angleterre en Turquie, descendait dans l'arène de la vie publique, donnait son concours à l'œuvre scolaire, au mouvement littéraire et artistique, à la création d'un théâtre arménien, aux efforts consacrés à la cause nationale. A Constantinople, à Smyrne, à Tiflis, se constituaient des salons littéraires présidés par des Arméniennes instruites et patriotes. A Constantinople encore, — de même qu'à Tiflis, — les dames arméniennes formaient des sociétés pour propager l'instruction en Arménie, et ces sociétés fondaient des écoles primaires et des collèges de jeunes filles dans plusieurs villes et villages de notre pays, les premiers collèges de jeunes filles que des autochtones aient fondés en Asie-Mineure. N'est-il pas vrai, du reste, que la majorité, parfois la presque totalité des élèves qui fréquentaient les collèges français et américains, en Anatolie et à Constantinople même, étaient des Arméniennes ?

Bientôt, des jeunes filles sorties de ces écoles, allaient en Europe, celles du Caucase dans les Universités de Pétrograd, de Moscou, de Genève, celles de Turquie dans les Universités de France et d'Amérique, pour faire des études supérieures ; la fille du paysan devenait bien vite une intellectuelle accomplie ; la race démontrait ainsi l'existence en elle d'une vieille culture, que la longue servitude avait engourdie mais non détruite, et aussi son affinité profonde avec les nations de l'Occident.

L'Arménienne, ai-je dit, a le culte du travail. C'est là, du reste, un des traits dominants de la race. Mais la femme est peut-être encore plus laborieuse que l'homme. Je ne dirai pas que le type de la femme indolente, ou rêveuse, ou coquette, n'aimant qu'à briller et à séduire, de la femme dont le seul but est d'être belle, n'existe pas chez nous ; les plus belles pages de notre poésie érotique, et un grand nombre de nos romans, nouvelles et pièces de théâtre attestent son existence. Mais ce ne sont pas là les traits typiques de la femme d'Arménie. Elle est avant tout une créature de dévouement. Elle travaille pour le foyer, qui est son monde, elle travaille pour la nation qui est pour elle l'agrandissement de son foyer. Le travail n'est point pour elle une charge, elle le recherche, elle s'y consacre avec entrain et amour ; à la campagne, non seulement elle fait toute la besogne de la maison, mais souvent elle aide son mari ou son frère dans les travaux des champs. Elle aime à se donner tout entière aux siens, au point de se sacrifier, souvent, pour sa famille. Sa robuste santé, et son culte du foyer font d'elle une productrice de riches générations ; sa fierté suprême est de donner à la maison, et à la nation, des enfants nombreux et bien portants, de les élever, avec toute sa tendresse dévouée, dans le respect et l'amour des traditions nationales. C'est ainsi que malgré tous les massacres elle a maintenu la race et malgré toutes les persécutions elle a maintenu nos traditions.

Toutes les patries sont représentées par des images de femmes, car, en somme, chez tous les peuples, du moins chez tous les peuples élevés, la femme joue ce beau rôle de gardienne de l'âme nationale ; mais c'est une idée particulièrement juste qu'ont eue nos pères de représenter notre nation sous

les traits d'une femme majestueuse, médi-
tant, mélancolique et fière, au milieu des
ruines de vieux temples et de palais.

L'Arménienne a le don des arts. On
reconnaîtra peut-être un jour qu'elle a été
la plus grande ouvrière d'art en Orient.
De ses mains ingénieuses et infatigables, de
ses doigts savants et agiles sont sorties, depuis des siècles, mille merveilles, brode-
ries, dentelles, étoffes tissées, costumes et
coiffures, tapis, tentures, etc. C'est elle qui
jadis embellissait les palais de nos rois et
de nos satrapes des produits de son talent
et auréolait nos reines et nos princesses
des parures créées par son inépuisable ima-
gination et son goût affiné. C'est elle qui
depuis des siècles enrichit nos églises, nos
couvents d'innombrables œuvres d'art,
qui sont parmi les plus belles de l'Orient,
chapes, chasubles, étoles, mîtres, tuniques,
couvertures du saint ciboire, rideaux et
devantures du saint-autel, etc. On en a vu
quelques spécimens à l'exposition d'art
féminin arménien que l'Union des Dames
Arméniennes de Paris avait récemment
organisée à l'Elysée-Palace, et le public
choisi qui est venu la visiter a été saisi

d'étonnement et d'admiration ; il n'y avait
là pourtant qu'une infime partie des productions de la femme arménienne, et les
œuvres anciennes, qui sont les plus belles,
y étaient peu nombreuses. Nos vieux chroniqueurs parlent souvent, et avec de grands
éloges, de ces travaux délicats, exécutés
par les femmes d'Arménie pour les églises ;
l'historiographe Kyrakos (XIIᵉ siècle), en
parlant de la construction de l'église et du
monastère de Guétik, mentionne une de
ces grandes artistes, « la noble dame Arzou,
femme du prince Wakhtank de Haterk,
qui, aidée de ses filles, tissa un beau rideau
et une couverture du saint autel avec le
poil fin des chèvres teint en plusieurs cou-
leurs harmonieusement mélangées, et repré-
sentant les scènes de la Passion du Christ
et des images de saints, œuvre magnifique
qui excitait l'admiration de tout le monde,
et ceux qui la voyaient rendaient grâce à
Dieu d'avoir accordé aux femmes l'art de
la tisseranderie et le génie pictural ».

En dehors de toutes ces productions
dans le mode et le goût national, grande a
été la part prise par la femme arménienne
à la confection des chefs-d'œuvre tant ad-
mirés de l'art des peuples musulmans de

l'Asie antérieure et de l'Asie Mineure.
Combien des beaux tapis, des voiles, des
écharpes, des tentures, des rideaux, des
divans et de tant d'autres objets de luxe
qui ont orné les palais des Chahs, des Sul-
tans ou la résidence des khans ou des pa-
chas, ont été ouvragés par des Arméniennes ! Dans ce qu'on appelle l'art ottoman, en particulier, où l'Arménien, le
Grec et le Syrien ont tout fait, nos femmes
ont de nombreuses pages portant leur
signature.

Le talent de l'Arménienne a également
brillé dans le chant, dans le maniement
des instruments de musique, dans l'art
dramatique et dans la danse. « J'étais émerveillé, me disait un jour le R. P. Komi-
tas, le grand initiateur de la musique
« arménienne », qui a parcouru, comme
vous le savez, l'Arménie russe presque tout
entière, pour recueillir des chants populaires, j'étais émerveillé chaque fois que
j'entendais nos paysannes chanter leurs
chants rustiques ; elles ont généralement de
belles voix chaudes, et elles chantent avec
une justesse, une force et un sentiment
extraordinaires ».

Et parfois elles prennent part à la création même des chants, et une part brillante. Il est de si jolis couplets, improvisés par les jeunes filles à la grande fête populaire qui est célébrée dans les villages le jour de l'Ascension :

> Un petit oiseau s'est envolé du Paradis,
> Il porte au bec une couronne de roses,
> Il l'a posée sur mon front,
> Il m'a dit : « Depuis longtemps tu es choisie. »

Les pleureuses qui chantent l'éloge des morts ou consolent les parents en deuil, trouvent souvent des accents poignants: en voici un pour la mort des enfants :

> Comme les feuilles desséchées de l'automne,
> Vous êtes tombés par terre.
> Oh! revenez-nous, revenez-nous
> Avec les feuilles du printemps !

Les mères créent des berceuses pour leurs petits, elles pleurent elles-mêmes la mort de leurs enfants ou de leurs maris en des strophes émouvantes; les femmes des émigrés chantent leur douloureuse nostalgie pour l'aimé qui est au loin :

> Le chemin par où va mon absent,
> Je voudrais être ce chemin ;
> Le cours d'eau où il va boire,
> Je voudrais être ce cours d'eau ;
> Il se serait baissé pour boire à cette eau,
> Le désir de mon cœur serait accompli.

Il est des chants de fillettes, des chants,
d'enfants, composés par des jeunes filles
et qui sont exquis ; en voici un :

> La mère est comme du pain chaud,
> Qui en mange se sent rassasié.

> Le père est comme du vin pur,
> Qui en boit se sent enivré.

> Le frère est comme le soleil,
> Qui éclaire monts et vaux.

Un grand nombre d'autres chants rustiques, des refrains de danses, des com-
plaintes d'amour, des chants de mariage,
sont l'œuvre des femmes.

La mélodie de ces chants féminins est
parfois d'une douceur infinie. Vous enten-
drez tout à l'heure, harmonisés par le beau
talent de Diran Alexanian, une complainte
de Kolp et une berceuse d'Eghine, qui
sont parmi les plus typiques des productions musicales de la femme d'Arménie.

Mais, pour donner une idée précise et
complète du sentiment poétique et de la
sensibilité, de la mentalité de la femme
d'Arménie, je ne connais rien de plus significatif que cette prière des vieilles femmes
de Van, belle comme les plus belles pages
du Rig-Véda :

« Gentil Christ de la bonne lumière, je t'invoque. Doux Seigneur, je touche les pans de ta robe, mon âme est entre tes mains.

« Petites et grandes étoiles, assistez-nous, gardez-nous ! avec les anges Gabriel et Michel, préservez-nous de tous malheurs, de l'homme méchant, de l'heure mauvaise.

« Miroite, aurore miroitante ! Que la bonne lumière s'épanouisse sur tous les malheureux, sur tous les expatriés et ensuite sur nous.

« Aurore ruisselante de rosée, apporte-nous bonne journée, bonne fortune.

« ... Dieu, donne le bien à celui qui veut le mal ; ce qui est caché sous la peau, ne le laisse pas monter à la surface.

« ... Bon Christ de la bonne lumière, donne-moi douleurs légères et mort paisible. Donne longue vie à mes enfants ; donne longue vie à mes absents. A ceux qui peinent, donne la force et l'endurance. Entends la voix de mes petits ; à tous les morts accorde le doux paradis ; fais que tous aient le pain et l'eau ; donne à la pluie l'abondance, à nos péchés le pardon, à notre lumineuse foi la fermeté, aux grands de la terre, l'esprit d'amour et de paix, à notre nation, la liberté. »

Dès qu'un théâtre arménien a été fondé, c'est-à-dire dès le début de la seconde moitié du XIXᵉ siècle, à côté d'acteurs de génie comme Adamian et Rechtouni, toute une pléiade d'admirables tragédiennes et comédiennes se sont révélées, dont quelques-unes comme Mᵐᵉ Hratchia, Mᵐᵉ Siranouche, feraient honneur aux plus grands théâtres d'Europe ; et, en effet, lorsque Mᵐᵉ Siranouche est allée il y a quelques années jouer à Moscou Shakespeare, Dumas fils et Rostand, la critique russe l'a accueillie avec les plus enthousiastes éloges. Ce sont ces actrices qui avec leurs camarades, les acteurs arméniens et un groupe d'auteurs et de traducteurs, ont fondé aussi à Constantinople un théâtre turc à l'européenne, où des traductions turques de pièces françaises, anglaises, italiennes et même d'opérettes et de vaudevilles ont été jouées par des troupes arméniennes. Une des plus grandes parmi ces artistes d'élite, Mˡˡᵉ Armène Ohanian, qui, dans ses « poèmes dansés » a magnifiquement synthétisé toute la souffrance et tout le rêve de l'Orient, est venue jusqu'à Paris et à Londres faire applaudir le talent de la femme arménienne.

Quand le prétendu régime constitution-
nel fut établie en Turquie, les Jeunes Turcs
s'adressèrent à un groupe de femmes de
lettres et d'institutrices arméniennes, pour
qu'elles aident les femmes turques à fonder
et à diriger un collège de jeunes filles musulmanes qui devait être le premier en
Orient. Les Arméniennes ont répondu à
cet appel et ont accordé leur concours
comme leurs frères avaient accordé le leur
aux chefs de la Jeune Turquie en toute
loyauté — et en toute naïveté, hélas ! —
pensant que cette collaboration parvien-
drait à relever, à régénérer l'Empire ottoman.

Lorsqu'à l'automne de l'année 1908 je
suis allé passer un mois à Constantinople,
j'assistai un soir à une scène que je n'ou-
blierai jamais ; c'était aux jours d'enthou-
siasme où tant de braves gens, en Europe
comme en Orient, crurent qu'un souffle
nouveau passait réellement sur la Turquie.
Dans un théâtre turc, à Stamboul, après
plusieurs monologues, chants et danses, je
vis s'avancer vers la rampe une belle et
fière jeune fille, qui tenant à la main un
drapeau, chanta l'hymne de la Liberté, nou-
vellement composé ; c'était une Armé-

nienne. Elle était mensongère, cette liberté, et le chant, médiocre comme musique et comme poésie ; mais l'Arménienne le chantait avec un puissant et émouvant accent de conviction profonde, qui le rendait beau ; et n'est-il pas typique que celle qu'on avait chargée de chanter cet hymne, fût une enfant de la race qui, elle, avait sincèrement désiré cette liberté pour elle-même et pour toutes les races de l'Empire ?

La femme a pris une part importante au mouvement littéraire arménien contemporain. Elle a affirmé son talent dans le roman, dans la nouvelle, dans la chronique, et surtout dans la poésie. M⁻ᵉ Dussap, M⁻ᵉ Marie Sevadjian, M⁻ᵉ Sybille, M⁻ᵉ Zabel Essaïan, Mme Anaïs, M⁻ᵉ Chouchanik Kourghinian, sont parmi les meilleurs prosateurs et poètes arméniens de notre temps. Quelques-unes de ces femmes de lettres arméniennes se distinguèrent par leurs talents poétiques chez des nations européennes, comme Vittoria Aganoor qui occupa une place brillante parmi les poètesses italiennes et M⁻ᵉ Chahinian dont les poèmes en russe sont vivement appréciés par la critique moscovite.

Je voudrais, pour compléter ce portrait de la femme arménienne, définir l'influence qu'elle a exercée sur notre poésie nationale, la manière dont elle a inspiré nos chantres populaires comme nos poètes savants, — car le portrait le plus exact, le plus vivant, de la femme chez toutes les nations, c'est dans la poésie inspirée par elle qu'on le trouve, — mais le temps me manque ; je dirai seulement, pour donner cette définition en un mot, qu'en plein Orient, où la poésie amoureuse de la plupart des autres races a pour note dominante la sensualité, allant parfois jusqu'à la passion grossière, les chants inspirés par la femme arménienne se distinguent presque toujours par la tendresse, la douceur, la pureté du sentiment. Je citerai comme exemple cette odelette du plus délicieux de nos poètes modernes, Bédros Tourian.

> Si la rose printanière
> N'était pareille
> Aux joues de la vierge,
> Qui l'estimerait ?
>
> Si l'azur des cieux
> Ne rappelait
> Les yeux de la vierge,
> Qui le contemplerait ?

Pure et immaculée,
Si la vierge n'existait,
Où pourrait-on lire
Le Dieu qui est au ciel ?

Il me semble impossible, avant de ter
miner cette conférence, de ne point jeter
un regard en arrière pour marquer en
quelques mots la place que la femme a
occupée dans l'histoire de l'Arménie an-
cienne, de l'Arménie libre ; je dois au
moins mentionner quelques-unes des
femmes illustres dont l'image éclaire les
plus belles pages des annales de notre
passé.

Dès l'aube de notre histoire, dans les
récits fabuleux par lesquels nos plus an-
ciens aèdes ont raconté les origines de
notre race, se dresse une douce et pure
figure de femme, celle de la reine Nevarte.
Sémiramis, la puissante et lascive impé-
ratrice de Ninive, ayant appris la renom-
mée de la grande beauté d'Ara, roi d'Arménie, lui offre sa main et son trône ; Ara,
fidèle à sa femme Nevarte et à sa patrie,
refuse l'offre et préfère accepter le combat
que lui livre Sémiramis par dépit et aussi
pour le capturer et conquérir par la force
des armes ; il meurt dans la bataille. Ce

fragment de vieille épopée légendaire, où les bardes d'Arménie ont symbolisé la longue lutte menée par les préarméniens du pays de Van contre la puissance assyrienne, montre déjà les nobles conceptions de la race sur la femme, sur le foyer, sur la parole jurée.

Dans la longue période qui va des origines jusqu'à l'adoption du christianisme, nos historiens et chroniqueurs, tous postérieurs au christianisme et presque tous des ecclésiastiques, ont mentionné, en parlant de la période païenne, peu de noms de reines et de princesses ; mais dès l'ère chrétienne, la femme apparaît souvent dans les pages des chroniqueurs. Elle prend une part essentielle à l'adoption même et à l'extension de la religion du Christ ; et la contradiction qu'on pourrait relever ici dans cette attitude de la femme d'Arménie, si traditionnaliste, contribuant à l'abandon des vieilles croyances païennes, s'éclaircit et s'explique encore par les origines européennes de la nation, dont le principal élément constitutif est parti de la Thrace, à la suite des Phrygiens, douze siècles avant Jésus-Christ, pour aller chercher fortune en Orient. La doctrine chrétienne

où triomphe l'esprit platonicien, devait
naturellement attirer les filles d'une race
qui se sentait parente des peuples d'Europe, et cet empressement à l'adoption du
christianisme était un retour instinctif
aux plus vieilles traditions de la race. Au
premier siècle de l'ère chrétienne, au moment des premières luttes du paganisme
contre le christianisme naissant, c'est une
jeune fille, Sandouht, la propre fille de Sa-
natrouk, roi d'Arménie, qui adhère d'après
un récit mi-légendaire, mi-historique, à la
doctrine prêchée par l'apôtre Thaddée, et,
condamnée à mort par le clergé païen pour
son obstination à rester attachée à la religion nouvelle, devient la première martyre,
en Arménie, de la foi du Christ. Lorsque
plus tard le roi Tiridate persécute saint
Grégoire qui reprend l'œuvre de Thaddée
et veut convertir l'Arménie entière au
christianisme, et qu'après lui avoir fait
subir toutes les tortures pour le forcer à
revenir au paganisme, le fait enfermer dans
une fosse profonde pour qu'il y meure
d'inanition, c'est une vieille paysanne
d'Arménie qui, d'après la tradition, va
chaque jour jeter un pain dans la fosse
et donne ainsi au saint homme le moyen

de vivre jusqu'au jour où Tiridate, frappé d'une grave maladie mentale lui faisant croire qu'il est transformé en porc, on fait sortir de la caverne le saint, pour qu'il le guérisse ; et ce sont encore deux femmes, la sœur de Tiridate, Khosrovidouht, et sa femme Ashkhène, qui songent à envoyer chercher l'apôtre ; elles sont les premières à croire à sa doctrine, et Tiridate, guéri par saint Grégoire, suit leur exemple et devient le premier roi chrétien du monde. Le grand roi, qui par l'adoption du christianisme a dirigé définitivement notre peuple vers le monde occidental, est rarement représenté seul dans les images et les sculptures de nos églises ; on le voit le plus souvent avec sa femme et sa sœur agenouillés devant la basilique d'Etchmiadzin, la première église bâtie en Arménie par lui-même et par saint Grégoire.

Au v⁰ siècle, quand la Perse Sassanide ayant voulu contraindre l'Arménie à embrasser le mazdéisme, le peuple arménien, commandé par l'héroïque chef Vardan Mamikonian et plusieurs autres princes valeureux, se leva tout entier pour défendre l'indépendance de l'âme nationale, les femmes d'Arménie, d'après le tableau

qu'a donné de cette période le poète Elisée,
eurent une attitude magnifique de fidélité,
d'abnégation et d'endurance ; « elles ou-
blièrent leur faiblesse féminine et elles se
montrèrent viriles et héroïques dans le
combat spirituel. »

Une des plus grandes figures de cette
époque, Vahan Mamikonian, qui, à force de
vaillance et d'adresse, obtint pour un moment la solution de la cause nationale, devait la formation de son caractère, d'après
Lazare de Pharbe, à la forte éducation que
sa mère, la noble dame Dzvik, lui avait
donnée.

Des temps glorieux de la dynastie des
Bagratides, lorsque, de la fin du ix° siècle
jusqu'au milieu du xi°, la race vécut encore
une fois une période de puissance politique
et de développement artistique, nous sont
arrivés plusieurs noms de reines et de
princesses qui se distinguèrent par leurs
libéralités pieuses, charitables ou patrio-
tiques, qui se sont immortalisées en fon-
dant des églises, des écoles, des orphelinats,
des asiles, comme la princesse Mariam de
Sunik qui fit construire, en souvenir de
son mari, dans l'île de Sévan, la belle église
des Saints-Apôtres, ou la femme d'Achot

le Charitable, la reine Khosrovanouche, à laquelle nous devons les couvents fameux de Sanahin et de Haghbat, la reine Katramité, femme de Gaghik Iᵉʳ, qui acheva la construction de l'admirable basilique d'Ani, commencée par Sembat II, et cette délicieuse « dame des dames » Chouchanik, qui, d'après les chroniqueurs, quand elle sortait pour aller à l'église, parée de voiles chatoyants, de robes pourpre et or, de ceintures stellées de gemmes multicolores et portant son diadème étincelant de pierreries, ressemblait à un soleil entouré de nuages embrasés de lumière, mais qui mettait un si long temps à achever ce chef-d'œuvre d'art et de grâce qu'était sa toilette, que, lorsqu'elle arrivait à la basilique, la messe était déjà terminée, ce qui l'amena à faire construire spécialement pour elle une chapelle, qui, bien que due à la coquetterie plutôt qu'à la piété, fut un des joyaux qui ornaient la capitale des Bagratides aux mille monuments.

Des noms de femmes artistes et de poétesses nous sont parvenus aussi de ces temps du Moyen Age arménien; les chroniqueurs citent entre autres Sahakdouht, poétesse et musicienne (vuıᵉ siècle), sœur du poète Stépanos de Sunik et qui, jeune dame pudique, cachée derrière un rideau, enseignait l'art de la musique à une foule de disciples qui se pressaient à son cours, et Khosrovidouht, sœur du général Vahan de Golten, poétesse, de qui nous est arrivé un hymne dédié à la mémoire de son frère mis à mort par les Arabes : « Comme un vaillant héros prêt au combat, tu as bravement achevé ta vie sous les coups des fils d'Agar, et tu es allé te mêler au chœur des anges, ô bienheureux seigneur Vahan, prince du pays de Golten ».

Et voici la période la plus récente et une des plus belles de notre histoire et de notre peuple, l'époque du royaume de Cilicie, où notre nation, combattant côte à cote avec les Croisés contre les Sarrasins, entra en rapports plus que jamais intimes avec les nations d'Europe, avec la France en particulier, l'époque héroïque et charmante où Francs et Arméniens vécurent ensemble une des plus fières pages de l'histoire du monde, menant la main dans la main la bonne lutte contre les barbares. La plupart des lettrés arméniens et francs parlaient indistinctement les deux langues, des alliances unirent le

4

trône et les familles princières arméniennes aux maisons françaises d'Antioche, de Jérusalem, de Chypre.

Les chroniqueurs citent les noms de plusieurs reines ou princesses arméniennes : c'est Arda, fille du prince Toros, qui épousa Baudoin de Boulogne, frère de Godefroy de Bouillon ; c'est Zabel, fille de notre grand roi Léon II et de Sybille, fille d'Amaury de Lusignan, roi de Chypre, et qui devint régente un moment après la mort de son frère, puis règna avec le prince consort Philippe d'Antioche ; Rita, seconde fille de Léon le Magnifique, femme de Jean de Brienne, roi de Jérusalem ; Sybille, fille du roi Héthoum Iᵉʳ, femme de Beaumont IV, prince d'Antioche, et tant d'autres, dont la gracieuse série est close par la noble et malheureuse figure de la reine Marguerite, femme de Léon V, de la maison des Lusignan, dernier roi de la Cilicie arménienne. Nombre de ces femmes ont joué un rôle éminent dans la vie nationale et intellectuelle de ces temps ; Rita, mère de Léon II fut célèbre par son culte de l'instruction et par les efforts qu'elle déploya pour la propager dans son pays ; la reine Zabel fonda des églises et des asiles et patronna

avec ardeur les lettres et les arts ; quelques-
uns des splendides manuscrits enluminés
qui nous sont parvenus de cette époque
mentionnent dans les mémoriaux, comme
mécènes, les noms de reines, de princesses
ou de pieuses dames amies des arts ; la
reine Guéran, femme de Léon III, était,
dit le chroniqueur Samuel d'Ani, « comme
un jeune olivier, fleuri d'œuvres lumineuses
et chargé de fruits bienfaisants, et a accompli dans un court espace de temps une
tâche de longues années ». Les femmes du
peuple elles-mêmes, d'après les historio-
graphes, se montraient avides d'instruction et s'occupaient activement des affaires
publiques ; on les voyait souvent prendre
part aux assemblées et réunions où l'on
délibérait ou discutait sur les questions du
jour, batailler, lutter pour tel ou tel parti,
concourir à l'activité nationale. Il nous est
arrivé de cette époque les noms de plusieurs femmes lettrées, comme Zabel, fille
du prêtre Constantin de Partzrpert, et Alitz
de Tarse, scribe et calligraphe célèbre.

Telle fut la femme arménienne au cours
des siècles. Aux côtés de l'homme d'Arménie, qui fonda la patrie, l'agrandit, la

maintint longtemps par son héroïsme, l'il-
lustra par l'activité de son cerveau et
l'élan de son cœur, puis, aux jours de servitude, défendit le foyer, resta accroché au
sol natal, et y poursuivit malgré tout
l'œuvre intellectuelle et nationale, la
femme fut la plus noble et la plus vaillante
des inspiratrices et des collaboratrices.

Mesdames, Messieurs,

J'ai dit, au début de ma conférence, qu'au cours de la présente guerre, à la nation arménienne échut la part la plus grande de souffrance et que la plus douloureuse victime de cette guerre fut la femme d'Arménie. Ce martyre, je ne vous le détaillerai pas. Vous le connaissez du reste. De nombreux et éminents Français, par des articles, par des livres, des brochures, des discours, des conférences, l'ont exposé dans ses grandes lignes au public français. Quant à nous, Arméniens, nous le connaissons trop bien, hélas ! par d'innombrables témoignages d'étrangers et de compatriotes. J'en rappellerai seulement quelques traits. Et je dirai, avant tout, qu'on a tort d'intituler « un crime » ce qui s'est passé en Arménie ; le crime n'est point dénué parfois de quelque grandeur, voire même d'une sorte de beauté ; ce qui s'est passé en Arménie n'a été qu'une gigantesque lâcheté.

— 41 —

Le peuple turc, les tribus kurdes, les
soldats, les gendarmes, armés tous jusqu'aux dents, poussés, secondés par le gouvernement turc, et soutenus par le puissant
empire germanique, se sont acharnés pendant des mois et des mois à exterminer
une pauvre multitude de femmes, d'enfants, d'hommes âgés ou infirmes (puisque
les hommes valides avaient été enrôlés
dans l'armée, à l'exception d'une minorité
qui, prévoyant le massacre inévitable,
s'étaient retranchés dans les montagnes
pour se défendre et défendre les leurs
lorsque la catastrophe éclaterait). Les bourreaux s'efforcent maintenant de se justifier
en alléguant que les sujets arméniens de
l'Empire s'étant révoltés et ayant aidé les
Alliés, ils se sont vus contraints de prendre
des mesures pour réprimer ces révoltes et
pour assurer la sécurité de l'Empire ; jus-
tification plus odieuse encore, dans son
hypocrisie, que les horreurs commises. Il
n'était nullement indispensable, pour assurer la sécurité de l'Empire, de noyer dans
la Mer Noire des centaines de petits enfants,
ni d'enfermer dans des maisons publiques
des jeunes filles instruites, appartenant à
de bonnes familles, pour les livrer au pre-

mier Turc venu, ni de vendre au marché
des enfants et des femmes pour 5 ou
10 francs. Certes, les Arméniens de Russie
ont fait et font encore vaillamment leur
devoir, dans l'armée du Caucase combattant contre les bourreaux séculaires de leur
race ; des Arméniens d'Europe et d'Amérique se sont engagés comme volontaires
dans les armées de France et d'Angleterre,
pour exprimer leur gratitude à ces nobles
nations dont les grands citoyens ont dé-
fendu la cause de notre peuple en nos jours
d'épreuves ; mais il n'est pas vrai qu'en
Turquie la population arménienne se soit
soulevée ; ç'aurait été une folie de donner
un prétexte qu'aurait volontiers saisi un
gouvernement d'assassins qui n'attendait
qu'une occasion pour anéantir l'élément
arménien dans l'Empire. Le refus des chefs
arméniens de Turquie de pousser leurs
frères de race du Caucase, suivant la demande des Jeunes Turcs, à se soulever
contre la Russie, l'importance du rôle
joué par l'élément arménien dans l'armée Caucasienne, et par suite l'échec du
plan turc d'envahir et de reconquérir le
Caucase, ayant mis les dirigeants turcs
dans une grande fureur, d'autre part l'avor-

tement de l'expédition des Dardanelles leur
ayant fait croire que la victoire finale était
assurée au bloc germano-turc, le gouvernement de Constantinople pensa que le moment était propice pour réaliser un de ses
désirs occultes les plus chers, c'est-à-dire
supprimer la population de l'Arménie
turque pour se débarrasser définitivement
de la question arménienne. Ce furent alors
la haine, la jalousie de races arriérées et in-
cultes éclatant dans toute leur horreur
contre un élément de culture, ce furent la
barbarie et la bestialité se ruant sur ce qui
représentait la civilisation et l'humanité.
Les massacres furent effroyables. La besogne d'extermination fut exécutée avec
des raffinements de cruauté inconnus des
bêtes féroces. Mais il y eut pire que cela.
Rien, dans toute l'histoire humaine, n'ap-
proche de la bassesse, de l'ignominie de ce
qu'on a appelé la déportation des Arméniens et qu'il est en réalité impossible de
définir par aucun terme existant dans les
vocabulaires de toutes les langues.

Ecoutez ce fragment d'une lettre écrite
par une des Arméniennes qui firent cette
épouvantable marche à la mort :

« Notre groupe se mit en route le 1ᵉʳ juin

1915, escorté par quinze gendarmes; il se composait de cinq cents personnes. Nous avions à peine fait deux heures de marche que nous fûmes entourés par des paysans turcs et des bandes de brigands, armés de fusils, de poignards et de pistolets, qui nous dépouillèrent de tout ce que nous avions sur nous. Les gendarmes s'emparèrent de mes trois chevaux et les vendirent à des Turcs, en empochant l'argent. Ils m'enlevèrent aussi mon argent et celui que ma fille avait caché sur elle, ainsi que tous nos vivres. Ceci fait, ils mirent les hommes à part, un par un, et tous les mâles, dans l'espace de six à sept jours, jusqu'à l'âge de quinze ans, furent mis à mort. A mes côtés furent tués deux prêtres dont l'un avait quatre-vingt-dix ans; les brigands enlevèrent toutes les femmes de jolie apparence et les emmenèrent avec eux sur leurs chevaux; un grand nombre de femmes et de jeunes filles furent ainsi transportées dans les montagnes; parmi elles ma sœur dont ils jetèrent par la route la petite fille âgée d'un an : un Turc s'en empara et l'emmena on ne sait où. Ma mère marcha tant qu'elle le put et finalement s'affaissa sur la route pour y mourir. Nous trouvâmes ainsi le long de la route un grand nombre de personnes des groupes précédents qui avaient succombé d'épuisement ; parmi les tués il y avait un assez grand nombre de femmes à côté de leurs maris et de leurs fils. Nous vîmes ainsi des vieillards et de tout petits enfants encore vivants mais dans un état pitoyable, ne pouvant même pas pousser un cri. La nuit il ne nous était pas permis d'aller dormir dans les villages ; il fallait se coucher là, sans nul abri. Dans l'obscurité de la nuit, des crimes indescriptibles étaient commis par les gendarmes et les brigands des villages. Beaucoup moururent de faim et de coups d'apoplexie. Beaucoup furent abandonnés le long des routes, trop épuisés pour pouvoir continuer [1]. »

Voici quelques lignes des notes de voyage d'un Allemand qui parcourut l'Asie Mineure au moment des déportations :

« Lorsque les femmes et les enfants affamés et amaigris au point d'avoir l'apparence de squelettes, arrivent à Alep, ils se précipitent comme des bêtes sur la nourriture, mais pour beaucoup les organes

[1]. Rapport du Comité Américain.

intérieurs ne fonctionnent plus, et après une ou deux bouchées, la cuillère est jetée de côté. L'autorité a prétendu qu'elle avait fourni la nourriture aux expulsés; le convoi de Karpout n'a reçu en trois mois qu'une seule fois du pain.

« Non seulement l'autorité ne prend aucun soin de ces malheureux, mais elle les laisse dépouiller de tout. A Ras-el-Aïn, arrive un convoi de deux cents femmes et jeunes filles complètement nues; chaussures, chemises, tout leur a été pris et pendant quatre jours on les laisse nues sous les rayons brûlants du soleil (40° à l'ombre), livrées aux railleries et aux moqueries des soldats qui les accompagnent. (Un de mes amis) m'a dit qu'il a vu lui-même dans le même état un convoi de quatre cents femmes et enfants. Si les malheureux en appelaient aux sentiments de charité des fonctionnaires, il leur était répondu : « Nous avons reçu l'ordre formel de vous traiter ainsi. »

Et voici ce qu'écrivait la Norvégienne Flora Yédel-Yarlsberg, infirmière de la Croix-Rouge allemande en Arménie; nous y touchons au sublime dans l'horreur :

« Un jour nous rencontrâmes un convoi

d'expulsés, qui avaient dit adieu à leurs
beaux villages et qui étaient, à cette heure,
sur la route de Kémakh-Boghaz. Nous
avons dû stationner longtemps, pendant
qu'ils défilaient. Nous n'oublierons jamais
ce que nous avons vu : un petit nombre
d'hommes âgés, beaucoup de femmes,
formes vigoureuses aux traits énergiques,
une foule de jolis enfants, quelques-uns
blonds avec des yeux bleus ; une petite
fille souriait, en voyant cet étrange spec-
tacle, mais sur tous les autres visages le
sérieux de la mort ; il n'y avait aucun bruit,
tout était calme, et ils défilaient en ordre,
les enfants généralement sur des chars à
bœufs ; ils passaient, quelques-uns en nous
saluant, tous ces malheureux qui sont
maintenant devant le trône de Dieu et y
élèvent leurs plaintes. Une vieille femme
dut descendre de son âne, elle ne pouvait
plus se tenir. L'a-t-on tuée sur place ? Nos
cœurs étaient devenus comme de la glace.

« Le gendarme qui nous accompagnait
nous raconta alors qu'il avait accompagné
un convoi de 3.000 femmes et enfants de
Mamakhatun, près Erzeroum, à Kémagh-
Boghaz : *Hep guitdi bitdi*, dit-il (ils sont
tous partis, tous finis). Nous leur dîmes :

« Mais pourquoi les soumettre à cet affreux supplice ? pourquoi ne pas les tuer au moins dans leur village ? Réponse : « Cela est bien comme cela. Il faut qu'ils souffrent ; et d'ailleurs pourrions-nous rester avec tous ces cadavres ? Ils sentiraient mauvais ! »

La population arménienne de Turquie a supporté ce martyre avec une grande dignité, avec un simple et tranquille courage. Aux endroits où il y eut quelques possibilités de résistance au massacre, elle s'est bravement défendue ; à Zeïtoun, à Chabin-Karahissar, à Orfa, à Mouch, à Sassoun, elle a résisté quelques semaines et n'a succombé qu'en faisant coûter cher aux bourreaux leur œuvre de destruction ; à Van, la résistance a été victorieuse et a pu durer jusqu'à l'arrivée des troupes russes, et la plus grande partie des Arméniens de cette province a pu ainsi échapper au massacre. A Djébel-Moussa, six cents braves de quelques villages arméniens de la côte Méditerranéenne, entourés de quatre mille femmes, enfants et vieillards, ont résisté, avec des armes de fortune, à des milliers de massacreurs, jusqu'à ce que l'arrivée des vaisseaux français les eût sauvés et transportés en Egypte. Partout ailleurs, n'ayant nul moyen de se défendre, et déprimés aussi par la pensée que de faibles essais de résistance, condamnés à être écrasés par les forces du gouvernement, aggraveraient le désastre, en excitant les bourreaux, et l'étendraient, les Arméniens se résignèrent aux tortures, aux outrages et à la mort, pour ne point trahir leur foi et leurs traditions.

Dans toute cette sombre et tragique épopée, la femme d'Arménie eut une part magnifique. Il y eut bien celles qui, d'épouvante, demandèrent elles-mêmes à se convertir à l'Islam pour échapper aux tortures et à la mort ; mais l'immense majorité accepta la ruine, les privations, les mauvais traitements, les supplices atroces, les formes les plus affreuses de la mort et l'horreur de la déportation plutôt que de consentir à l'apostasie et à la hideuse sécurité du harem. Partout où la résistance fut possible, la femme aida vaillamment son frère ou son mari, dans l'œuvre sacrée de la défense. Ecoutez, entre vingt récits de ce genre, ce fragment de la relation des luttes de Sassoun, faite par un témoin oculaire arménien :

« Pendant ces journées d'angoisse, tout

Sassoun était sur pied. Depuis le commencement, les femmes avaient aidé les hommes pour les travaux de défense ; maintenant elles s'élançaient même résolument sur le champ de bataille ; personne ne resta en arrière, chacun voulant participer à l'œuvre de défense. Les enfants aussi se rendaient utiles ; ils entassaient de gros cailloux, des pierres, qu'ils portaient sur les sommets des montagnes, à la pointe des rochers, d'où ils les faisaient rouler dans le camp des Turcs. Ces pierres en descendant faisaient un fracas terrible, détachaient souvent d'autres débris de roches et allaient porter la terreur et parfois la mort chez l'ennemi.

« Quand il se croyait déjà maître de la situation, des hommes courageux, des femmes intrépides, couraient sous les balles d'un poste à l'autre, pour encourager les combattants. Une femme, voyant que son mari ne tirait plus, s'écrie : « Qu'est-ce qui t'arrive ? Est-ce que tes cartouches sont épuisées? Les soldats turcs en ont beaucoup, va les chercher. »

Ces faits sont confirmés par le témoignage suivant qui se trouve dans le Livre de Documents que lord Bryce, l'admirable et inlassable ami de l'Arménie, vient de publier:

« Les Arméniens furent obligés d'aban-
donner les lignes extérieures de leurs dé-
fenses, et de se retirer peu à peu dans les
montagnes d'Antok, le massif central qui
s'élève à une hauteur de quelque trois
mille mètres. Les non-combattants, femmes
et enfants, et les grands troupeaux de bé-
tail gênaient singulièrement les mouvements des défenseurs dont le nombre avait
été déjà réduit, au cours de la lutte, à
moins de la moitié de leur effectif primitif
de trois mille hommes. Une terrible con-
fusion régnait pendant les attaques turques
aussi bien que pendant les contre-attaques
arméniennes. Beaucoup d'Arméniens bri-
saient leur fusil après avoir brûlé leur dernière cartouche et se servaient ensuite de
leur pistolet et de leur poignard. Les régu-
liers Turcs et les Kurdes dont le nombre
s'élevait vers la fin à quelque trente mille
hommes, montaient peu à peu de plus en
plus haut sur les pentes de la montagne
et serraient de près la position suprême
de la défense arménienne. Alors se produi-
sit une de ces luttes désespérées et héroïques pour la vie, qui ont toujours été
l'orgueil des montagnards. Les hommes,
les femmes et les enfants combattirent avec

des couteaux, des faux, des pierres et tout
ce qui leur tombait sous la main : ils rou-
laient des blocs de rochers sur les pentes
rapides, tuant beaucoup d'ennemis. Dans
un combat corps à corps effroyable, on
voyait des femmes enfoncer leur couteau
dans la gorge des Turcs, réussissant souvent à les tuer. Le 5 août, dernier jour de
la lutte, les rochers ensanglantés de l'Antok furent enfin pris par les Turcs. Tous
les guerriers arméniens de Sassoun, excepté
ceux qui avaient tourné les Turcs pour les
attaquer sur leurs flancs et leurs derrières,
étaient morts en combattant. Un certain
nombre de jeunes femmes qui se trouvaient
près de tomber entre les mains des Turcs
se précipitèrent dans les abîmes de la montagne, quelques-unes tenant encore leur
enfant dans leurs bras[1]. »

De celles qui, ne pouvant se défendre,
lamentables proies restées à la merci des
bourreaux, furent violentées sur les routes,
ou dans des auberges, où parfois on leur
permettait de passer une nuit de prétendu

1. The Treatment of Armenians in the Ottoman
Empire, 1915-1916, documents presented to Viscount
Grey of Fallodon, secretary of State for Foreign
Affairs, by Viscount Bryce.

5

repos, beaucoup ont perdu la raison. Ecoutez ce récit de Martin Niepage, professeur
à l'Ecole Réale allemande d'Alep :

« Dans beaucoup de maisons d'Alep qui
étaient habitées par des chrétiens, je trou-
vais cachées des jeunes filles arméniennes
qui, par quelque hasard, avaient échappé
à la mort, soit qu'épuisées, elles se fussent
arrêtées en route et eussent été laissées
pour mortes lorsque le convoi a repris sa
marche, soit que des Européens aient eu
l'occasion de les acheter pour quelques
marks au soldat turc qui les avait désho-
norées en dernier. Presque toutes sont
comme folles. Beaucoup ont vu les Turcs
couper la gorge à leurs parents. Je connais de ces pauvres êtres dont pendant des
mois on n'a pu tirer une seule parole et
que rien ne peut faire sourire maintenant. »

De celles qui furent enlevées, emportées
de force dans les harems turcs ou kurdes,
nous avons peu de nouvelles, et nous n'en
avons que par les captives qu'on a pu rache-
ter en donnant quelque pourboire à certains
Kurdes (vingt-trois francs par personne)
qui trouvent moyen de les faire échapper
et les amener au Caucase. Nous en avons
aussi par celles qui parviennent à s'échap-

per elles-mêmes : elles sont toutes, disent les journaux du Caucase, dans un état horrible; les plus belles sont devenues des squelettes, à force de souffrances morales atroces; beaucoup sont presque folles; celles qui, pour se soustraire à cet esclavage abominable, ont eu le courage de s'échapper, ont fait, à deux ou trois, parfois seules, sans être accompagnées d'un homme, un voyage de plusieurs jours, par de rudes chemins de montagne, à pied, l'hiver sous la neige, par un froid extrême, l'été par des chaleurs torrides, pour arriver au Caucase et mourir au milieu de leurs frères de race ou vivre d'une vie de privation et de misère mille fois préférable à l'abondance honteuse du harem.

Parmi les faits innombrables attestant la vaillance et la noblesse de l'attitude de la femme arménienne au milieu de cet enfer, j'en ai noté deux, particulièrement significatifs, que je veux citer.

Un Arménien, soldat dans l'armée ottomane, passant sur les bords de l'Euphrate en compagnie d'un officier turc, remarque au milieu d'un tas de femmes mortes ou agonisantes, étendues par terre, une jeune fille, gisante sur le sol, portant plusieurs

blessures, exténuée, et gardant encore
pourtant sur ses traits une angélique beauté ;
l'officier turc, émerveillé par la grâce de
la jeune fille, et sentant poindre en lui un
sentiment de compassion, demande à l'Arménien de dire à cette jeune fille que si
elle accepte de devenir musulmane, il est
prêt à la sauver de la mort et à l'épouser ;
l'Arménien traduit la proposition de l'officier ; la jeune fille le fixe de ses yeux dé-
faillants qu'un éclair traverse et dit : « Tu
n'es pas un Arménien, puisque tu oses me
transmettre une pareille proposition : je
suis née Arménienne, je mourrai Arménienne. »

Dans une autre localité, un des tortion-
naires qui se sont particulièrement distin-
gués par leur monstrueuse cruauté, Khalil
bey, après avoir fait massacrer les hommes,
avait donné l'ordre de jeter dans les ci-
ternes un grand nombre de vieillards, de
femmes et d'enfants, et suivait avec une joie
féroce l'exécution de son ordre ; il remar-
qua parmi les victimes qui attendaient leur
tour, une jeune fille d'une rare beauté.
Il s'approcha d'elle et lui dit :

— Si tu veux être ma femme, je te sauverai.

La jeune fille fit un geste de refus.

— Misérable, cria Khalil, tu vas mourir !

— Qu'importe, répondit la jeune fille, je mourrai, moi, mais l'Arménie ne mourra pas !

Et elle se jeta dans la citerne[1].

1. Je joins à ces épisodes celui-ci, extrait des récits sur les atrocités d'Arménie, qu'un Arabe, s'étant tout dernièrement enfui de Turquie et réfugié en Egypte, a publiés dans le journal *Moukattam* du Caire :

« Un Turc, nommé Chabin bey qui se trouvait en prison avec moi à Diarbékir, m'a raconté ceci :

« Lorsque j'étais encore dans l'armée, on m'a confié un convoi de femmes et d'hommes, pour que je les fasse massacrer. En route, j'ai remarqué parmi eux une jeune fille d'une beauté merveilleuse, que je connaissais ; je l'ai appelée et je lui a dit :

« — Je te sauverai, mais consens à te marier avec un Kurde ou un Turc de la région.

« Elle refusa.

« — Si tu veux me faire plaisir, me dit-elle, je te demanderai un service.

« — Je suis prêt, ai-je répondu, à faire ce que tu désires.

« — J'ai un jeune frère, qui se trouve dans le groupe des hommes. Je te prie de le tuer sous mes yeux, afin que je puisse mourir tranquille, sans inquiétude sur son sort.

« Elle me désigna son frère, que j'ai fait appeler de suite. Elle lui dit :

« — Frère, je te confie à Dieu. Viens, que je t'em-

Nombreuses ont été celles qui pour ne point tomber dans les griffes des immondes bourreaux, se sont tuées, en se jetant dans les fleuves, en se brûlant, ou en prenant le poison. En divers endroits, des familles entières se donnèrent la mort pour échapper au déshonneur.

Voici une scène d'une grandeur tragique qui se passa à Mouch ; c'est un témoin oculaire qui l'a racontée :

« Un des notables habitants de Mouch, nommé Sinoyantz Tigrane, s'étant enfermé dans sa maison avec tous les membres de la famille, soixante-dix personnes environ, distribua à tous du poison, leur disant

brasse une dernière fois. Nous nous retrouverons dans l'autre monde. Dieu tirera bientôt notre vengeance de ceux qui nous torturent ainsi.

« Ils s'étreignirent. Le frère vint alors vers moi. Je devais obéir à la volonté de sa sœur. J'ai asséné sur la tête de l'enfant un coup de hache, et il tomba, la cervelle jaillissante.

« — Je te remercie de tout mon cœur, dit la jeune fille, je te prie maintenant d'achever ton bienfait.

« Puis, couvrant de ses mains ses beaux yeux noirs, elle me dit :

« — Frappe-moi comme tu as frappé mon jeune frère, et ne me fais pas souffrir.

« D'un coup je l'ai abattue, et je suis encore à regretter sa beauté et sa jeunesse, et à admirer sa vaillance. »

que la mort serait moins terrible que le sort qui leur était réservé. Il y eut des scènes navrantes. Les enfants qui comprenaient qu'ils allaient mourir tremblaient d'effroi ; ils refusaient de goûter au poison ; ils regardaient avec angoisse les parents et les amis qui les entouraient et les regards de ces innocents étaient autant de glaives enfoncés dans le cœur des mères et des parents. Mais que faire ? ces enfants étaient destinés à mourir et peut-être à endurer des supplices plus terribles encore.

« Les mères encourageaient les pauvres petits : « Bois, mon chéri, n'aie pas peur », et par persuasion ou par force elles leur faisaient absorber la terrible drogue, avant d'en user elles-mêmes. Quelques minutes plus tard, soixante-dix cadavres gisaient sur le sol. Quand le silence complet se fit, quand on n'entendit plus des derniers sursauts, les derniers soupirs des agonisants, Sinoyants Tigrane, le seul survivant de sa famille, mit le feu à la maison pour que tous les siens fussent réunis sous les cendres du foyer, sur la terre natale. Ensuite, il se tira un coup de pistolet dans la poitrine et tomba mort sur le seuil de sa maison.

« D'autres familles suivirent cet exemple... ¹ »

Voici, enfin, l'épisode de Zilé, où éclata, dans sa simple et pure splendeur, la vaillance de la femme d'Arménie : je citerai le passage de l'admirable discours prononcé par Mgr Touchet à la cérémonie de la Madeleine, où l'illustre orateur a magnifié le calme héroïsme de ces frêles et invincibles martyres :

« ... Il y eut des martyrs, de vrais martyrs, à canoniser. A Zilé, 25.000 personnes sont emprisonnées. Du cachot on mène les hommes à la montagne. Leurs os y blanchiront. Les femmes, les enfants subissent le supplice célèbre des Quarante Couronnés. On les exposa au froid, presque nus. Quand on les crut au point, on leur proposa l'apostasie. Toutes les femmes refusèrent. Toutes furent passées à la baïonnette. Combien? 10.000? 20.000 ? Priez, priez, saintes martyres, pour votre Arménie; priez, priez pour la France, pour cette ville, ce pontife, ces fidèles, nos soldats, moi-même. »

1. Aramaïs, *La lutte et le martyre de Mouch-Sassoun.*

Amis français,

Vos soldats se battent pour défendre le sol de la France et la pensée de la France, pour ramener au sein de votre patrie vos deux chères provinces, l'Alsace et la Lorraine, ils se battent pour sauver la Civilisation, pour tuer le Despotisme, et tous les peuples amoureux de liberté suivent avec une admiration reconnaissante leur prodigieux et pur héroïsme. Mais si ces braves connaissaient dans toute son horreur l'attentat démesuré qui s'est accompli en Arménie, ils penseraient, je n'en doute point, que leur sublime sacrifice, en plus de ces nobles buts, a celui de venger cette offense, la plus grande et la plus abjecte de l'Histoire, portée à la dignité humaine.

Mes chers compatriotes,

Honorons la mémoire de nos sœurs, de nos frères, qui sont tombés pour la cause de la Justice. Une accumulation aussi gigantesque de souffrances si vaillamment endurées par notre nation pour cette cause sacrée, rend le nom arménien plus glorieux que jamais. Honorons nos martyrs ! honorons nos héros ! Dans la personne de nos martyrs, c'est tout ce que la civilisation a de plus vénérable, tout ce que la morale et la religion ont de plus auguste, qui a été odieusement outragé. Cette offense sans précédent ne peut rester impunie. Nous ne sommes pas des barbares, et nous ne demandons pas l'anéantissement de ces races qui ont gardé la mentalité de l'homme des temps préhistoriques. Mais l'heure viendra, demeurons-en certains, où les massacreurs de femmes et d'enfants seront définitivement mis dans l'impossibilité de recommencer de pareilles monstruosités. Ceux qui se sont montrés incapables et indignes de gouverner, ne gouverneront plus.

Le soleil de la Liberté finira par disper-

ser cette lourde et étouffante masse de ténèbres qui pèse sur le monde. Sous les
rayons de sa clarté régénératrice, qui,
triomphante et sereine, règnera sur la terre,
notre antique et indestructible nation se
relèvera, retrouvera, à l'ombre des nations
de loyauté et de chevalerie, sa libre vie de
jadis, afin que l'œuvre de justice soit réellement et entièrement accomplie. Alors,
les ossements des millions de nos martyrs,
de ceux d'hier et de ceux d'aujourd'hui,
qui dorment, sous la terre trempée de
sang de notre patrie, d'un sommeil malheureux et hanté de cauchemars, sentant
la douce chaleur des rayons de la Liberté
descendre jusqu'à eux, pourront dormir,
pour l'éternité, un sommeil tranquille et
consolé.

ÉLÉGIE SUR LA MORT
DE BÉCHIKTACHELIAN

Par SERPOUHI VAHANIAN [1]

Il n'est plus, celui qui dédia sa lyre
A la nation. Il n'est plus, celui dont les chants en-
                                      chanteurs
Réveillaient, parmi les ruines, les héros
De leur séculaire et profond sommeil,
Pour les faire parler de la patrie, de ses vieilles
                                             gloires,
Et de ses souffrances infinies et de ses blessures in-
                                      nombrables.

1. Mlle Serpouhi Vahanian, qui fut l'élève de Béchiktachelian, le grand poète et patriote arménien de
l'ère romantique et l'apôtre de l'union nationale, est
devenu célèbre par ses romans, sous le nom de
Mme Dussap (elle avait épousé un musicien français
portant ce nom). Cette poésie où elle rend un si
noble hommage à son maître, est une des peu nombreuses productions lyriques qui nous soient par-
venues d'elle, mais constitue une des plus belles pages de son œuvre.

LA FEMME ARMÉNIENNE

Il n'est plus, celui à l'appel mélodieux duquel
Nos aïeux, déchirant leurs pâles linceuls,
Découvraient leurs poitrines ensanglantées,
Pour nous montrer que c'est leur sang qui coule dans
                                    nos veines à tous,
Que nos héros, nos ennemis, nos intérêts sont les
                                    mêmes.

Il n'est plus, celui dont les hymnes ardents
Allumaient l'étincelle d'amour dans les cœurs refroi-
                                    dis ;
Les yeux embrasés de colère devenaient tendres et
                                    souriants,
Et les cœurs divisés s'élançaient les uns vers les
                                    autres,
En chantant avec allégresse : « Nous sommes frères » !

Il n'est plus, celui dont les douces élégies
Pénétraient au fond des âmes affligées
Les soulageant par leur douloureuse harmonie ;
Sa complainte était triste comme une tombe dans les
                                    ténèbres,
Et douce comme la lamentation du rossignol
Tombant dans la nuit étoilée.
Il n'est plus... Hélas ! la harpe s'est tue ! il s'est tu,
                                    le maître !

Tandis que tu accordais l'instrument des Muses
Pour apprendre à mes doigts, ô poète, à le manier.
Je ne songeais guère que ma lyre devait elle-même
                                    faire résonner
Ce salut de deuil à tes cendres...
Qui eût pensé que la tombe aurait si tôt englouti
Les dons de ton esprit et de ton cœur ?...

Quarante printemps t'avaient comblé de gloire,
Et tu ensevelis tout cela dans la sombre demeure...
Les lauriers t'ont-ils donc semblé si lourds
Pour t'être ainsi hâté de dormir le sommeil de la
                                                terre ?...

Repose donc, ô Béchiktachelian, repose, grande âme
Tandis que tes amis pleurent autour de ton sépulcre.
Repose, tandis que la lyre d'Arménie suspend sur ta
                                                tombe
Ses cordes muettes voilées de noir.
Repose : ton nom sera parmi nous un éternel lien
                                                d'union ;
Repose : ton nom vivra, tant que vivront la noblesse
                                                et la beauté,
Tant que le génie sera adoré ; repose, Esprit !

LE BAIN DE SANG

Par Madame ZABEL ESSAIAN [1]

Ivre de sang, l'armée, avec des clameurs frénétiques, descendit des montagnes, comme un nuage chargé d'orage. Lorsque les monts eurent secoué de leurs flancs ces hommes féroces, la nuit montait déjà lentement.

L'étendard triomphant flottait dans l'air au-dessus de leurs têtes soûles de carnage, et devant le soleil agonisant, ils rugirent vers le ciel une action de grâces effroyable.

Les épées, chaudes encore, étincelèrent, déchirant l'espace comme d'une pluie de foudres, et des gouttes de sang tombèrent d'elles sur toute l'armée. Affolés par le liquide frémissant, les yeux rougis, tous crièrent à l'unisson le nom farouche de leur Dieu.

1. Mᵐᵉ Zabel Essaïan, née à Constantinople, nouvelliste, poète, publiciste, est une des plus grandes, on peut même dire la plus grande, parmi les femmes de lettres arméniennes de nos jours. Elle a écrit, à l'époque des massacres hamidiens, cette page saisissante où elle évoque les atrocités commises en Arménie par les Tartares, prédécesseurs des Turcs Osmanlis.

Muet, la mâchoire serrée, Tamerlan contempla longuement ses troupes sanguinaires, puis, d'un geste, il leur ordonna de s'éloigner, et elles disparurent, comme elles étaient venues, en une minute, telle une ombre immense, par les flancs des montagnes, au fond des défilés.

Demeuré seul, il s'appuya sur son pied bot, et promena ses yeux autour de lui avec un sourire de volupté.

Toute l'Arménie fumait.

L'horizon pesait sur les ruines en cendres, du milieu desquelles les décombres des villages incendiés, avec les gigantesques squelettes des tours, se dressaient comme de vaines menaces.

Un troupeau noir de loups affamés descendit des montagnes, comme un torrent, passa sur les herbes étouffées par le sang, courut sans bruit sur la terre humide.

Alors, Tamerlan, hors de lui, s'élança au bord d'une large fosse.

Avec le sang d'enfants égorgés, suivant son ordre, on y avait formé un étang.

L'âcre senteur du sang frais montait comme une protestation dans l'air, où des oiseaux épouvantés s'enfuyaient en criant, et dans la pénombre les flots rouges ondulaient en bleuissant.

Rugissant comme un lion ivre, Tamerlan se jeta dans l'étang.

Lorsqu'il sentit sur sa peau le contact du liquide épais, lorsqu'il y plongea son visage, un morne et inexprimable délice ravagea son cerveau.

Le sang, s'épaississant de plus en plus, l'enserrait, l'enfermait dans une âpre étreinte. Les flots, lentement, lui mordaient la chair. Et il lui sembla que la vie n'était pas éteinte en eux ; et ils pénétraient par tous ses pores pour lui déchirer le cœur.

Toutes les clameurs et les lamentations qu'il avait entendues dans la journée, lui tonnaient dans les oreilles, et des langues de feu semblaient lui brûler et dévorer le cerveau.

Alors, rugissant comme une bête blessée, il se mit à battre de ses poings l'onde sanglante. Mais les gouttes lui sautaient au visage, lourdes comme du plomb fondu, et les blasphèmes, que lançait son âme monstrueuse, lui revenaient répercutés par les montagnes.

Essoufflé, délirant, Tamerlan sortit de l'étang rouge.

Le sang puait sur sa peau, et tout son corps sentait le cadavre.

Il tourna ses prunelles rougies vers l'horizon. La lune montait, semblant railler son immonde nudité.

L'air était alourdi par les derniers souffles des agonisants, et les gémissements semblaient pleurer encore dans l'espace.

Sur les routes lointaines, les loups, leurs mâchoires sanglantes ouvertes, hurlaient.

Alors, lui-même, penché sur son pied bot, la bouche grande ouverte, il hurla longuement à la lune.

JE TRESSERAI DES CHANTS

par Madame CHOUCHANIK KOURGHINIAN

Pose sur mes épaules ton fardeau de peines,
Les cris et les gémissements de ta grande souffrance,
Tes mornes inquiétudes et toutes les douleurs
De ton cœur pur et la croix de ta vie.

Qu'un à un descendent dans mon cœur
Tes désirs, étouffés par les fers de l'oppression,
Et les bourgeons des révoltes de ton esprit,
Flétris dans l'ombre de l'ignorance.

Docile porteuse de ton fardeau géant,
Je plongerai dans la mer sans fond de la douleur,
Et toi, tu raviveras dans le monde
Le serment de l'idéal et de la sainte liberté.

Et lorsque sur terre à la place de la douleur
Règnera la joie de la liberté,
Lorsque seront brisés chaînes, prisons et gibets,
Et que sonneront les trompettes de l'aurore nouvelle,

1. M⁰ˢ Chouchanik Kourghinian est la meilleure
poétesse de l'Arménie russe. Ses chants, à la fois
tendres et vigoureux, ont pour motif principal la
passion de la justice et de la liberté.

Alors, dans les profondeurs de la mer sans fond
Jetant son lourd fardeau avec ma propre douleur,
Je remonterai, et sur les ailes du vent,
Devenue toute légère moi-même et toute ailée,

Je tresserai des chants avec les fleurs ardentes
Et impérissables des jours de liberté,
Je chanterai l'hymne nouveau, l'hymne de la justice,
Je chanterai la lumière naissant des ténèbres.

MAXIMES ET CONSEILS

Des VIEILLES MÈRES RUSTIQUES D'ARMÉNIE[1]

La fin de la méchanceté est la ruine.

Le bien de l'usurpateur pourrit vite.

La fortune injustement gagnée est emportée par le torrent.

Sur la tête du tyran une pierre est toujours suspendue.

Le châtiment de l'homme sans conscience marche toujours à ses trousses.

L'épée de feu (la foudre) atteint bientôt le méchant.

Le jugement du méchant, s'il n'est fait par les hommes, l'est toujours par Dieu.

Les larmes de l'orphelin se changent en poison pour celui qui le fait pleurer.

Celui qui ne rend pas heureux l'orphelin, est voué au malheur.

Dieu conduit l'orphelin ; le diable conduit le tyran, il l'entraîne, le fait monter sur un haut rocher et de là le roule dans l'abîme.

---

1. Choisis parmi une série de ces maximes, qu'a publiée M. Grigor Nicoghossian dans sa brochure *Tessoutiounnèr yèv namaknèr* (Aperçus et lettres).

Ce que Dieu garde, le loup ne le dévore pas.

La foi ne trompe jamais, si l'on ne perd point patience.

Celui qui a la foi doit être juste dans sa vie.

Celui qui n'a pas la foi ressemble au navire sans voile, qui penche à chaque coup de vent et périt bientôt.

Il est une douceur dans la souffrance elle-même, si celui qui souffre a la foi ; celui-là pense toujours à Dieu et vit par l'espoir ; les jours heureux arrivés, il connaît mieux la puissance de Dieu.

La fin de la souffrance est le bonheur.

Conduis-toi bien devant l'étranger, pour que ta nation ne soit pas discréditée.

En parlant à un étranger, ne médis pas de ta nation, tu t'abaisserais toi-même.

La vie d'une nation est une mer, ceux qui la regardent du rivage n'en peuvent connaître la profondeur.

Celui qui n'apprécie pas l'homme de valeur, ne vaut rien lui-même.

Celui qui méprise le jeune homme qui a perdu sa force, est un lâche.

Dieu ne fasse que l'homme magnanime ait besoin du secours de l'homme mesquin.

Ne t'intéresse point à l'homme mesquin : il deviendrait ton premier ennemi.

Ne lie point amitié avec l'homme mesquin, tu n'en retirerais aucun bien.

Celui qui considère tout le monde comme menteur, est un menteur lui-même.

L'homme magnanime est aisément trompé, car il juge les autres d'après lui-même.

Ecoute les conseils de l'homme éprouvé et ne considère point ses défauts.

Ne donne pas de conseils à l'homme sage et éprouvé, ce serait de la légèreté.

Celui qui dit « je sais tout » est un faible d'esprit. Si savant que l'on soit, on peut apprendre quelque chose d'un enfant ou d'un fou.

L'homme sage ne se vante pas, il montre sa sagesse.

L'eau trouve son chemin, le talent sa place.

Ce n'est pas en se chargeant d'armes nombreuses qu'on devient un brave, la bravoure est dans le cœur.

L'homme noble ne dit pas : Mon grand-père était de grande famille. Il montre par ses œuvres sa noblesse.

Le vrai brave et le vrai poète ne se donnent pas de grands noms, ce sont les autres qui les leur donnent.

Le grand homme est humble, le brave est modeste.

Le vinaigre fort endommage le vase, l'homme passionné se fait du tort à lui-même.

Celui qui dit la vérité a la tête criblée de trous (c'est-à-dire, il est souvent frappé).

Celui qui dit la vérité doit avoir à chaque instant son cheval sellé.

Plus on calomnie l'innocent, plus Dieu l'assiste.

La malveillance est signe de faiblesse, et l'envie de méchanceté.

Le cœur de l'envieux est comme la chauve-souris ou le hibou : de même que ceux-ci ont les yeux blessés par la lumière, il est blessé par le succès, le bon renom et les bonnes œuvres d'autrui.

Il vaut mieux avoir dix ennemis magnanimes qu'un ami envieux.

L'homme généreux n'envie personne, son cœur et sa main sont ouverts à tous.

L'envie est du pus qui coule du cœur, elle le fait pourrir, et écœure les autres.

Un fils qui tourne mal, la faute en est aux parents ; il ne faut pas planter la rose au milieu des herbes sauvages.

Un fils qui s'écarte de sa nation, la faute en est à la mère qui n'a pas semé dans son cœur de bons germes.

Une bonne mère inspire non pas la crainte, mais le respect à ses enfants.

Un bon père n'appelle pas son fils « fils de chien », il l'appelle « mon chéri ».

A force de dire à un enfant qu'il est un vaurien, un mauvais sujet et un polisson, il le devient.

Une bonne femme rend la maison prospère, une mauvaise femme la démolit.

Un bonne femme n'entache pas le nom de son mari.

Lorsque la femme se mêle des affaires de l'homme, le résultat est mauvais.

L'homme ne doit pas se mêler des affaires de la maison.

Une femme sépare les frères les uns des autres.

Quand tu es dans le monde, parle des joies et des douleurs des autres, et non des tiennes.

Ecoute bien les plaintes du malheureux, comprends bien le soupir du pèlerin.

Ouvre ton cœur à celui qui en a un, confie tes douleurs à celui qui comprend la douleur.

Le premier signe de la noblesse est de comprendre la douleur d'autrui et porter remède à son mal.

Ne sois pas hypocrite, tu deviendrais odieux; ne sois pas grossier, tu deviendrais repoussant.

A celui qui est sans défense, serait-il ton ennemi, ne ménage pas ton secours.

N'usurpe le pain de personne, tu resterais un jour sans pain.

A celui qui est affamé, ne prononce pas des sermons, porte-lui secours.

Au pauvre, ne demande ni sa foi ni sa nation, assiste-le.

En faisant l'aumône, ne compte pas les sous.

Celui qui ne fait pas le bien ne reçoit aucun bien.

Celui qui n'a pas pitié, ne trouve pas de réussite.

Ne divulgue pas le bien que tu fais, ce serait de la bassesse.

Quand tu fais le bien à quelqu'un, ne l'en accable pas, ce serait vilain.

Quand tu as des hôtes, traites-les tous de la même façon.

Le meilleur pain de ton âtre, sers-le à tes hôtes.

Ce que tu ne peux faire, ne le promets pas.

Ce que tu peux faire toi-même, ne le confie pas aux autres.

Celui qui critique tout le monde finit par se rendre ridicule.

Celui qui te dit du mal des autres, peut médire aux autres de toi-même.

L'homme intelligent, s'il n'est pas poli, est une moitié d'homme.

L'homme instruit qui n'est pas bien élevé, ressemble à un beau cheval portant un bât d'âne.

L'instruction, sans l'éducation, est comme un plat sans sel.

RÉCIT DE L'ÉPISODE
DE DJÉBEL MOUSSA

Par UNE DES RESCAPÉES [1]

Mon cher fils,

Cette année le Turc a fait peser sur nous de
telles charges que nous en étions complètement accablés. Nous nous sommes conformés
à toutes ses exigences afin de ne pas exciter sa
colère contre nous. Ce que nous craignions
nous est arrivé quand même. En échange de

1. Cette lettre a paru dans le numéro du 4 nov.
1915 du journal *Asbarez* de Fresno (Etats-Unis d'Amérique). Elle est écrite par Mme Elisa Seklémian, la
mère du directeur de ce journal, une femme de
75 ans, qui se trouvait parmi les Arméniens des villages de la baie d'Antioche qui, s'étant réfugiés sur
les hauteurs du mont Moussa pour échapper à l'horreur de la déportation, après avoir résisté aux massacreurs pendant plus d'un mois, furent sauvés par
la généreuse intervention de l'escadre française.

notre soumission, le Turc nous a ordonné de quitter notre pays natal, comme il l'avait fait à tous les Arméniens de Turquie. Le 18 juillet l'ordre de notre déportation est arrivé. Avant même que l'ordre nous fût parvenu, ceux de Yoghoun-Olouk s'étaient déjà réfugiés dans les montagnes. Ils nous ont invités à suivre leur exemple. Notre village (Bithias) se divisa en deux camps : les uns voulaient aller à la montagne et les autres se laisser déporter. Movsès Rendjélian a été envoyé à Antioche pour se renseigner sur la décision prise par les gens de là-bas. Avant le retour de Rendjélian, la plus grande partie des gens du village s'étaient déjà réfugiés dans la montagne. Au village sont demeurées les familles Rendjélian, Mexémian, notre pasteur Movsès Cherbétian et ses deux fils, deux ou trois familles de Filian et notre ami Garabed Balabanian. Les deux fils et la belle-fille de celui-ci sont allés à la montagne, mais lui et sa famille sont demeurés au village. Du reste, on avait sept jours de délai, et avant le septième jour ceux qui voulaient aller à la montagne s'y étaient déjà rendus et ceux que je viens de mentionner sont restés au village. Du 18 juillet jusqu'au 26, nous sommes allés à la montagne. Le dimanche 27 juillet, l'après-midi, cent soldats vinrent contre nous du côté de Yoghoun-Olouk, mais grâce à l'assistance de Dieu et à la vaillance de nos braves, l'ennemi, ayant eu cinq à six morts, a battu en retraite. On nous a dit que l'endroit où nous nous trouvions était trop bas, nous sommes montés plus haut sur le mont Moussa. Le lundi il n'y a pas eu de combat, et nous sommes montés encore plus haut. Le mardi, nous avons eu une bataille terrible pour tout le monde, mais surtout pour notre cher village de Bithias, puisque les gens de Bithias, écoutant les notables, s'étaient attardés à se rendre à la montagne, c'est pourquoi au moment de la bataille de mardi ils étaient encore en bas. La bataille dura jusqu'à mercredi midi, une dizaine de jeunes gens de Yoghoun-Olouk, deux de notre village et une trentaine de femmes et de jeunes filles sont restés aux mains de l'ennemi.

Figure-toi, mon fils, que ces femmes, ces jeunes filles sont restées la nuit parmi les Turcs enragés, et nous ne savons pas ce qu'elles sont devenues par la suite. Les souffrances que nous avons endurées ce jour-là, les cris que nous poussions sur ces montagnes vers Dieu, les prières que nous lui adressions sont indescriptibles. Les autres jours de la semaine se sont passés sans événements jusqu'au dimanche, lorsque la bataille recommença avec 3.500 soldats envoyés contre nous. Cette bataille nous a d'abord semblé terrible, mais le résultat nous fut favorable. On s'est battu quarante-huit heures sans interruption, de sorte que les chefs de l'ennemi se sont mis à crier : « O fils du mont Moussa, nous vous croyions poltrons, mais nous nous trompions. Nous vous prions de nous accorder une trêve pour manger. »

Dans cette bataille, leur commandant fut

tué, et nous avons trouvé dans sa poche un papier où il avait écrit : « Nous ne pouvons venir à bout de ces gens-là. Il doit y avoir parmi eux des « Frenk »[1]. Ils nous lancent aux yeux une fumée, de sorte qu'ils peuvent nous voir sans que nous les voyions. »

Nos braves n'ont pas cessé cette nuit encore de se battre. Ils ont lancé sur les soldats des bombes à la dynamite, de sorte qu'ils les ont forcés à descendre de la montagne et à s'éloigner du village. Cette bataille s'est terminée le 5 août, et il n'est plus venu contre nous d'autres soldats ; il en est resté seulement pour garder les villages, afin que nous n'y descendions pas, 100 à 500 par village. Nos jeunes gens se mirent à descendre dans ces villages pour y livrer des combats, et ils revenaient chaque jour après avoir tué plus de 10 Turkmènes ou Turcs.

Enfin, jusqu'au 24 août, notre vie se passa de cette façon. Les vivres commencèrent à s'épuiser ainsi que les munitions. Nous étions dans une profonde angoisse. Le dimanche 24 août à midi nous avons vu un cuirassé français en face de Tchanaklik. Avant ce jour nous avions déjà construit une barque. Deux de nos jeunes gens connaissant le français descendirent dans la barque et se rendirent au navire. De notre côté nous avons déployé des drapeaux marqués d'une croix. Le résultat de notre démarche fut que le navire consentit à nous recueillir. Le lundi, le navire a

1. Des Francs, des Européens.

canonné les villages de Kéboussine et de Ka-
bakli d'où les Turcs avaient chassé les Arméniens pour y loger des émigrants turcs. Le
mardi, nous avons encore entendu des coups
de feu. Un Fellah arménophobe du nom de
cheikh Marouf nous a attaqués avec 4.000
soldats. Nos jeunes gens disaient que cette
bataille a été pour eux comme un jeu d'enfant.
Ils les poussaient devant eux comme des
poules ; c'était très amusant de les voir s'enfuir
par dessus les buissons et les rochers. Mercredi,
le navire a bombardé Guédich. Les jours sui-
vants, il ne s'est rien passé. Dimanche et lundi,
le bateau nous a recueillis. A terre, nous
étions protégés, des deux côtés, par nos jeunes
gens ; sur mer, deux cuirassés nous proté-
geaient, et deux cuirassés nous recueillaient.

Le dévouement des Français, notamment
la peine énorme qu'ils se sont donnée pour
nous embarquer, nous ne le méritions pas.
Nous sommes restés deux jours dans les ba-
teaux, et mercredi on nous a débarqués à
Port-Saïd, où nous sommes logés maintenant.
Nous vivons comme nous pouvons, puisque
nous avons tout quitté pour sauver notre vie.

Ici, les Anglais apprécient beaucoup les
exploits de nos jeunes gens et leur font faire
des exercices militaires... Où sont tes braves
fils ? envoie-les, qu'ils viennent aussi.

Ta mère,

ELISA SEKLÉMIAN.

LE CRI D'UNE ARMÉNIENNE [1]

Vous ne m'avez pas encore permis de crier tout ce que j'ai vu au cours de mes dix-huit mois de souffrances...

Et pourtant j'ai le besoin d'exprimer, de rugir, au monde entier, ce que mes yeux ont vu, et ce que nuls yeux n'avaient encore vu depuis que le monde existe, au point qu'à m'entendre l'humanité pâlirait d'épouvante et la plume de l'expatriée se briserait sur le papier...

L'interminable et lugubre défilé des jeunes gens, des vieillards, des femmes et des enfants, les scènes de séparation et de boucherie, au ciel Dieu pétrifié, sur terre les hommes devenus des bêtes féroces, le monde changé en une mer de sang et en un océan de crime, le torrent survenant quand l'épée est lassée, l'incendie imminent quand le fleuve se cabre grossi par les cadavres... Je suis restée vivante, pour lancer, de ma gorge, et faire par-

1. Cette page admirable, écrite par une jeune fille, M¹¹ᵉ Astlik Bizian, qui, récemment enfuie de l'Arménie turque, est arrivée au Caucase, a paru dans un des derniers numéros du journal *Haïastan*, organe des réfugiés arméniens.

venir par les quatre vents du monde, à tout
le peuple arménien, les gémissements de milliers de gorges fendues, de bouches ruisse-
lantes de sang, pour faire éclater comme la
foudre, du fond de mes prunelles, les flammes
des appels au secours et puis des prières de
vengeance qui étincelèrent dans le clignement
défaillant du dernier regard de milliers de
femmes d'Arménie... Je suis restée vivante
comme témoin, messagère et ambassadrice
de milliers de martyrs, pour pouvoir balbutier
au moins une infime parcelle de toutes les
horreurs accomplies... Me voici debout devant vous, avec des caillots de leur sang col-
lés à mes vêtements, avec les supplications
déchirantes de leurs regards suprêmes dans
mes yeux, avec les flots terrifiants de leurs
râles dans mes oreilles... Je n'ai même pas
encore épelé ce que j'ai à dire, mais vous
comprendrez tout à mes traits, à mon aspect,
à mes mouvements étranges... Je suis restée
vivante pour dire à tous, comme envoyée et
messagère, que *les désirs de vivre et les sou-*
rires figés, les rêves encore non éclos et les
fleurs étouffées, les embryons sous la terre
et les jeunes plantes brûlées par le soleil, se
réveilleront arrosés par l'eau, ravivés par un
divin amour, fleuriront et s'épanouiront, se
féconderont et croîtront.

NOTE

—

Au moment où paraît cet opuscule, le peuple arménien traverse une nouvelle crise, plus grande et plus terrible que toutes celles qu'il a connues dans le passé. Profitant de la désorganisation de la Russie et de la démobilisation de l'armée du Caucase, les Turcs reprennent l'offensive pour réoccuper les territoires arméniens qui furent hier arrachés à leur joug. Les combattants arméniens restent seuls à défendre ces malheureuses contrées ; ils opposent une résistance acharnée à la ruée de l'ennemi ; mais leurs moyens sont limités, et les Turcs, qui concentrent actuellement sur le front d'Arménie d'importantes forces, secondées par les Kurdes et commandées par

8

*des officiers allemands, sont déjà entrés à
Erzinghian, Baïbourt et Trébizonde. Par le
honteux traité de paix conclu à Brest-Litovsk,
les maximalistes russes s'engagent à contri-
buer de tout leur pouvoir à l'évacuation et à
la restitution à la Turquie non seulement de
l'Arménie ottomane, mais de Kars, d'Arda-
han et de Batoum, ce qui livrerait aux Turcs
le Caucase tout entier, où déjà les Tartares,
qui s'arment fiévreusement, prennent une attitude inquiétante. Plus de 50.000 réfugiés
arméniens qui du Caucase étaient rentrés à
Van, à Erzeroum, à Baïbourt, à Trébizonde, et
qui avaient commencé à faire renaître à la vie
ces régions dévastées hier par les hordes des-
tructrices, seront forcés de retourner au Caucase, où la famine les guette, s'ils ne sont
surpris en route par les Turcs ou les Kurdes
et massacrés. Et l'Arménie russe elle-même
est menacée par la marée touranienne...*

*C'est l'heure la plus sombre de l'histoire
d'Arménie. Que réserve demain à ce peuple ?
Une tombe, peut-être, avec cette inscription :
« Il mourut, pour être resté jusqu'à la fin
fidèle à l'honneur » ? Non ! la mort est impossible pour une nation consciente d'elle-même.
Ce seront de nouvelles hécatombes, ce sera
une lutte désespérée contre une masse de forces
et de circonstances hostiles, ce sera une étape
de plus, étape effroyable, l'étape suprême,
sur le chemin du séculaire calvaire. Cette*

crise formidable, notre peuple l'affronte, là-bas, avec un grand courage ; il saura y sur-vivre. Il résistera jusqu'au bout. Et si le Destin veut qu'il succombe physiquement, son esprit demeurera invaincu et inconquis dans les débris vivants de la race, pour attendre l'heure de la victoire du Droit, qui luira sûre-ment et apportera l'indispensable répara-tion de la plus grande injustice des temps modernes.

A. T.

Paris, 3 mars 1918.

Nos armes aujourd'hui vivent
la prenez et les fermer
et d'aucune, par les profonds
et que sont suivre et que
comme la vie et la mort
et que la volonté d'~~bien faire~~
de
~~Gratitude~~ de du Poète
enche

La conférence sur la « Femme Arménienne » a été relue, sous une forme réduite et adaptée, devant un public français, en deux réunions organisées, sous les auspices de « L'Effort de la France et de ses alliés », par les sections locales de la Société de géographie commerciale, le 24 février a Boulogne-sur-Mer et le 25 a Berck-Plage.

TABLE DES MATIÈRES

MAYENNE, IMPRIMERIE CHARLES COLIN

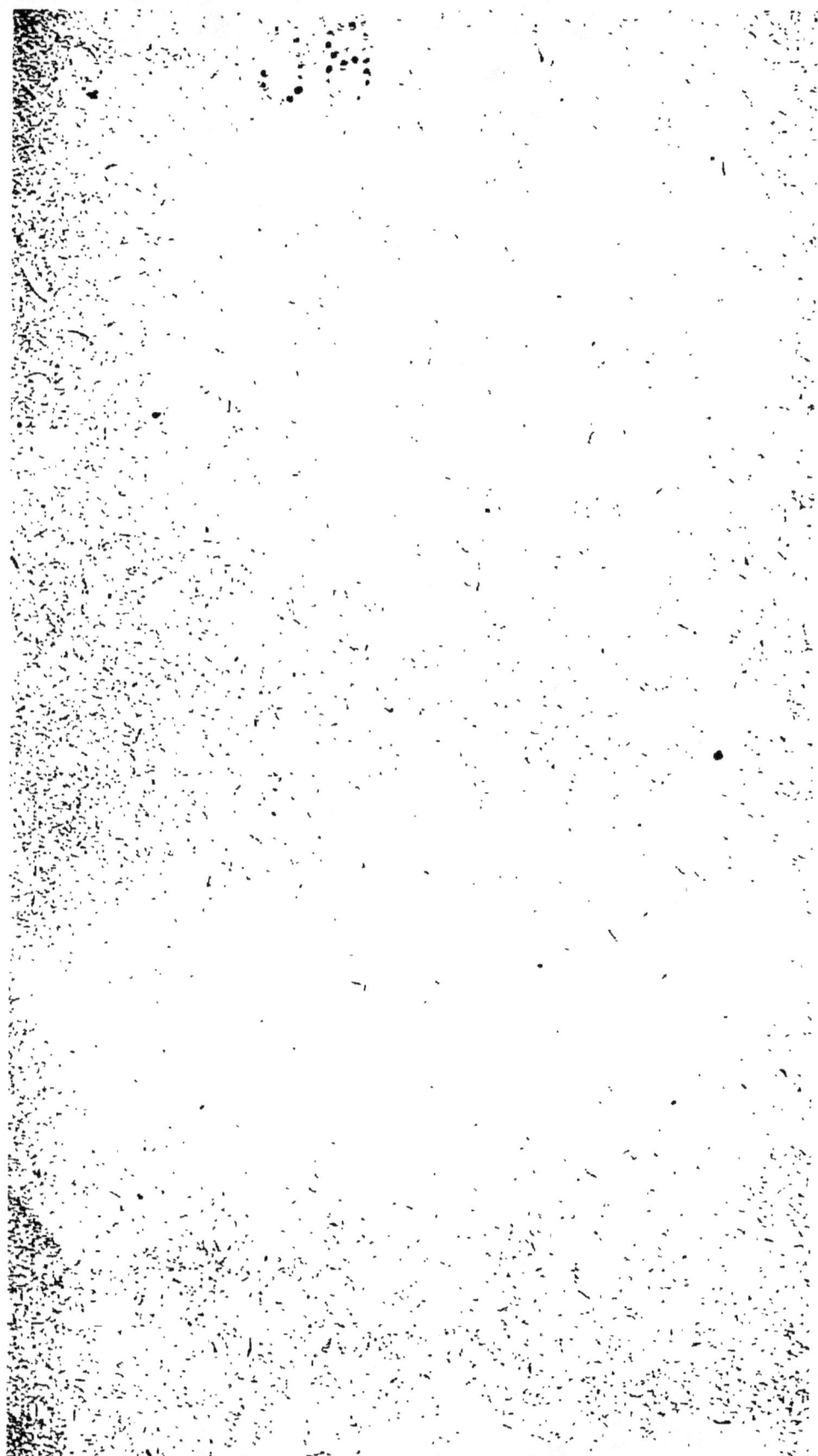

www.ingramcontent.com/pod-product-compliance
Lightning Source LLC
Chambersburg PA
CBHW052059270326
41931CB00012B/2826